사는 곳
바뀔 곳
오를 곳

copyright ⓒ 2025, 전형진
이 책은 한국경제신문 한경BP가 발행한 것으로
본사의 허락 없이 이 책의 일부 또는 전체를 복사하거나
전재하는 행위를 금합니다.

사는 곳
바뀔 곳
오를 곳

부동산은 입지 공부가 먼저다

전형진 지음

한국경제신문

추천의 글

이 책은 단순히 부동산을 이야기하지 않는다. '사는 곳'을 통해 '사는 법'을 성찰하게 만드는, 도시 읽기의 새로운 교양서다. 전형진 기자는 현장에서 길어 올린 생생한 취재와 냉철한 분석으로, 공간이 어떻게 만들어지고 바뀌며 결국 사람의 삶을 바꾸는지를 정밀하게 그려낸다. 수많은 데이터와 정책, 그리고 도시의 숨결을 꿰어내며 "입지를 해석한다"는 것이 무엇인지 보여준다.

그는 '어디가 오를까'를 묻지 않는다. 대신 '왜 그곳이 변하고, 앞으로 어떻게 달라질 것인가'를 묻는다. 이 책을 따라가다 보면, 성수동의 부상과 동탄의 진통, 이문·휘경의 정체까지 우리가 사는 도시의 깊은 맥박이 생생하게 전해진다. 부동산을 자산의 문제로만 보던 시선이, 공간과 사람의 이야기로 확장되는 경험을 하게 될 것이다.

나는 이 책을 적극 추천한다. 단순한 입지 분석서를 넘어, 한국 도시의 과거와 현재, 그리고 미래를 한눈에 꿰뚫는 통찰의 지도이기 때문이다. 도시를 읽고 싶은 사람, 부동산을 진짜로 이해하고 싶은 사람, 그리고 삶의 방향을 고민하는 모든 이에게 이 책은 가장 먼저 건네야 할 필독서가 될 것이다.

—김학렬(빠숑), 스마트튜브 부동산조사연구소장

최근 연이어 발표되는 강경한 부동산 대책에 시장의 불확실성이 어느 때보다 커지고 있다. 내 집 마련을 꿈꾸는 실수요자들은 혼란 속에서 갈피를 잡지 못하고 우왕좌왕하기 일쑤다. 지금의 풍경은 불과 몇 년 전 문재인 정부 시절의 강력한 규제들을 떠올리게 한다. 2017년 8·2대책을 시작으로 9·13대책, 12·16대책에 이르기까지 스무 차례가 넘는 대책이 쉴 새 없이 쏟아지며 시장을 뒤흔들었던 바로 그 시절 말이다. 그 격동의 시기를 가장 가까이에서 가장 생생하게 지켜보며 기록해온 이가 있다. 바로 전형진 기자다.

그는 단순히 정책을 나열하고 전달하는 것을 넘어 그 격변의 파도 속에서 어떤 지역과 상품이 떠오르고 어떤 것들이 스러져 갔는지, 부동산 흥망성쇠의 역사를 꼼꼼하게 복기해온 시장의 목격자이자 기록자다. 순환보직이 숙명처럼 여겨지는 언론계에서 한 분야에 깊이 뿌리내린 전문가를 만나기란 가뭄에 콩 나듯 드문 일이다. 전형진 기자는 그 어려운 길을 묵묵히 걸어왔고, 마침내 '〈한국경제신문〉 집코노미'라는 브랜드를 넘어 대한민국 부동산 저널리즘을 대표하는 신뢰의 아이콘으로 우뚝 섰다.

내가 전 기자를 깊이 신뢰하게 된 것은 8·2대책 전후 그가 보여준 남다른 집요함과 탐구 정신 때문이었다. 특히 누구도 쉽게 파고들 엄두를 내지 못했던 재개발·재건축사업의 복잡한 구조를 현미경을 대고 들여다보듯 본질을 꿰뚫는 그의 기사는 매번 깊은 인상을 남겼다. 수많은 현장을 발로 뛰며 쌓아 올린 그의 내공이 어떤 경지에 이르렀는지를 알기에 나는 그가 재정비사업 분야 최고의 전문가 중 한 명이라고 자신 있게 말할 수 있다. '집코

'노미'의 오랜 팬으로서 증언하건대, 복잡한 정책이 나올 때마다 핵심을 짚어주는 그의 명쾌한 브리핑은 늘 시장을 읽는 훌륭한 나침반이 되어주었다. 이 책은 지난 10여 년간 대한민국 부동산 시장의 가장 역동적인 순간들을 온몸으로 관통하며 체득한 그의 모든 통찰과 노하우를 집대성한 결과물이다. 추천사를 쓰기 위해 책을 펼쳐 들 때부터 시작된 기대감은 저자의 이름 석 자가 주는 굳건한 믿음에서 비롯된 것이었다. 책에는 단순히 오를 곳을 점치는 기술을 넘어 급변하는 정책과 시장 환경 속에서도 흔들리지 않는 판단의 기준을 세우고, 변화의 방향을 예측하며, 진짜와 가짜를 가려내는 지혜가 오롯이 담겨 있다. 성공 신화뿐만 아니라 실패한 투자의 쓰라린 경험까지 가감 없이 분석해 반면교사로 삼게 한다.

우리는 지금 정보의 홍수를 넘어 '정보의 공해' 속에서 살고 있다. 유튜브와 SNS에 떠도는 자극적이고 단편적인 정보들 앞에서 무엇이 진실이고 무엇이 과장인지 분별할 기준을 잃기 쉽다. 만약 당신이 이 안개 속에서 길을 잃고 자신만의 투자 원칙을 세우지 못해 방황하고 있다면, 이 책을 반드시 읽기를 권한다. 책을 덮는 순간, 당신의 눈앞에 어지럽게 흩어져 있던 부동산 시장의 퍼즐 조각들이 하나의 선명한 그림으로 완성되는 경험을 하게 될 것이다. 그리고 그 그림 위에서 자신만의 길을 개척해나갈 단단한 관점과 흔들리지 않는 용기를 얻게 되리라 확신한다.

—이주현(월천대사), 월천재테크 대표

〈한국경제신문〉의 유튜브 채널 '집코노미'로 잘 알려진 전형진 기자. 그가 이번에는 부동산 개설서를 들고 시청자들을 찾아왔다. 이름 하여 《사는 곳, 바뀔 곳, 오를 곳》. 〈석양의 무법자〉라는 제목으로 더 잘 알려진 역사상 최고의 서부영화 〈좋은 놈, 나쁜 놈, 추한 놈〉(1966)을 떠올리게 하는 제목이다. 제목뿐 아니라 한국 부동산 시장의 좋은 점, 나쁜 점, 추한 점을 적나라하게 다루고 있어서 내용도 상통한다. 저자는 특유의 시니컬하면서도 유머러스한 문체로 한국 부동산 시장이 현재 안고 있는 문제와 미래 가치를 검토한다. 이 책의 장점은 저자가 기자여서 글이 쉬우면서도 부동산 시장의 각종 현안을 감추지 않고 정면으로 다룬다는 점이다. 현장을 직접 발로 뛰기에 내용에 생동감이 넘칠 뿐 아니라 기자에게 요구되는 직업윤리에 따라 각종 자료로 현장에서의 관찰을 뒷받침한다. 부동산 시장에 대한 맹목적인 칭송과 무조건적인 비관론 사이에 존재하는 현실 그리고 희망을 확인하고 싶어 하는 분들에게 이 책을 추천한다.

—김시덕, 도시문헌학자·《우리는 어디서 살아야 하는가》 저자

"아직 서울 안에 이렇게 논밭으로 가득한 곳이 있네?" 싶었던 서울의 끝자락 동네는 2010년대 들어 본격적으로 개발을 하기 시작하더니, 지금은 '마곡지구'라는 이름의 수많은 회사들과 아파트, 오피스텔이 가득 찬 도시가 되었다.

도무지 차로는 다닐 엄두도 내기 힘든 좁은 골목길과 낡은 집들로 가득 찼던 언덕배기 동네 마포구 아현동-염리동 일대는 재개발 사업을 마치고 지금은 마포 프레스티지 자이, 마포 래미안 푸르지오 등 많은 이들이 선망하는 아파트 단지가 되었다.

학생 시절 게임과 PC부품을 구입하러 종종 다녔던 용산의 전자상가 일대는 하나둘 철거되며 업무복합시설로 본격적인 개발을 앞두고 있으며, 그 너머 철도차량을 수리하던 용산 정비창 부지일대는 초고층 업무시설과 교통시설을 포함한 국제업무지구로 올해 기반시설 착공을 하려는 모양이다.

일제강점기 시절부터 수도권 화물 운송을 담당하던 용산선 철도는 도시공간을 단절하는 기피시설이었으나, 철거 후 그 자리에 긴 공원을 조성하니 지금은 많은 사람들이 애용하는 경의선 숲길 공원이 되었다.

"도시는, 그리고 공간은 지금도 다시 태어나고 있다."

익숙하게 보아왔던 건물, 공간들이 사라지며 과거의 기억이 되고, 새로 태어난 공간은 가능성과 기회를 여는 관문이 된다.

이 책은 기자의 관점에서 바라본 도시와 공간이 만들어지는 이야기를 담은 굉장히 재미있는 책이다.

저자가 머리글에서 이야기하듯 부동산(不動産)은 움직여서 옮길 수 없는 재산이지만 정책과 산업, 사람의 움직임이 끊임없이 흔든 결과물이다. 부동산은 지금도, 앞으로도 사람들이 살아가야 할 공간이기에 사람들의 움직임에 의해 계속 흔들려가며 변화할 것이다. 돌이켜 보면, 도시 공간의 변화를 잘 읽어내는 투자자들이 성공했다.

이 책에서 소개하는 여러 도시 공간에 대한 사례들은 독자 여러분에게 하나의 좋은 간접 경험이 되어줄 것이다. 그리고 앞으로 부동산 투자를 해나가는 데 있어, 생각을 더욱 깊게 해줄 자양분이 되어줄 것이라 믿는다. 꼭 부동산 투자 측면이 아니더라도 부동산에 조금 관심이 있는 분들이라면, 상식을 넓히며 아주 재미있게 읽으실 만한 책이라고 자신한다.

―강영훈(붇옹산), 네이버 카페 부동산스터디 대표

머리말

'어디가 좋냐'거나 '어디를 사야 하느냐'는 질문을 많이 받습니다. 저는 모릅니다. 귀찮아서 답을 피하는 게 아니라 정말 몰라서 그렇습니다. 사람마다 가치판단의 기준이 다르기 때문입니다.

한 유명 아파트 단지에 대한 기사를 쓸 때였습니다. 대단지였던 이 아파트는 여러 블록으로 쪼개져 있었죠. 중개업소와 입주민 인터뷰를 통해 제가 간접적으로 취득한 정보로는 특정 블록의 선호도가 가장 높았습니다. 기사의 윤택함을 위해 그 한 문장을 실었죠. 그랬더니 같은 부서 선배가 기사의 내용이 틀렸다고 지적했습니다. 평생 그 동네에서 살았던 그에겐 다른 블록이 더 좋은 위치였기 때문입니다.

부동산을 다루는 부서의 두 기자 가운데 누가 틀렸을까요. 아무도 아니었습니다. 각자의 정답이 있기 때문입니다. 누군가에겐 아늑하고 조용한 안쪽 블록이 최고 주거지이고, 또 다른 누군가에겐 역과 가까운 대로변 블록이 좋을 수 있습니다. 저는 비 오는 날을 좋아하지만 이 책을 읽는 분들 가운데는 그런 날씨를 좋아하지 않는 분들도 계실 것처럼요.

그래서 이 책은 집값의 서열이나 지역의 위계질서를 다루지 않습니다. 대신 공간이 만들어지는 과정에 집중했습니다. 부동산은 움직이지 않는 자산이라지만 사실은 정책과 산업, 사람의 움직임이 끊임없이 흔든 결과물입니다. 도시가 만들어지고, 정책이 바뀌고, 또 사람들이 이동하면서 지역이 어떻게 변화하는지에 대한 흐름을 담았습니다. 제가 알고 있는 것은 그 변화의 아주 작은 파편일 뿐입니다. 여러분이 알고 있는 다른 조각과 맞춰지는 퍼즐이길 바랍니다.

본문에서 언급하는 지역들에 대해선 좋고 나쁨을 평가하려는 게 아닙니다. 미남, 미녀 배우의 얼굴에 난 뾰루지를 들여다본 것이라고 널리 양해해주시면 감사하겠습니다.

그리고 이번에도 당신의 추운 겨울 땔감이나 냄비받침이 될 수 있는 것만으로도 감사합니다.

2025년 겨울
전형진

추천의 글	004
머리말	010

▶1장◀
지도에 없는 입지 이야기

10년 뒤를 보는 눈	016
지도가 말해주는 것들과 말해주지 않는 것들	024
공간적 거리와 시간적 거리	032
지역엔 서열이 있고 균열로 무너진다	038
'왜 개발을 안 할까' 싶은 곳엔 이유가 있다	045
뭉치면 살고 흩어지면 죽는다	054

▶2장◀
호재라는 환상

교통 혁명은 언제 호재가 되나	064
철도 지하화가 가져올 변화들	077
"삼성만 믿는다"	088
땅의 속성을 알아야 미래를 내다볼 수 있다	097

▶3장◀
집 분석의 맹점

다 똑같은 집이 아니다	108
왜 조감도처럼 짓지 않을까?	119
왜 하나의 단지를 나눠서 분양할까?	129
판상형 vs 탑상형	135

4장
정책이 바꾸는 입지

분당과 일산의 엇갈린 운명	146
자족도시라는 환상	155
부동산의 운명을 가르는 정책	164
구두 잡화점은 어떻게 프라다가 됐나	183

5장
사람이 바꾸는 입지

시대는 기다리지 않고 사람은 떠난다	198
두 도시 이야기	210
리단길의 두 얼굴	215

6장
다시 태어나는 입지, 도시가 만들어지는 배경

도시가 될 곳은 정해져 있다	224
동탄 오디세이	232

7장
분석을 위한 방법

인구 충격을 버티는 곳은?	266
사람이 몰리는 곳, 돈이 몰리는 곳	281
이사 갈 동네 제대로 분석하기	290
가격이 오를 곳과 내릴 곳	297
뉴스 제대로 읽기	303

부동산의 가장 훌륭한 교보재는 지도다. 그런데 지도는 의외로 불친절하다. 아는 만큼 보이기 때문이다. 한 번 봐서는 어떤 곳이 그 지역의 중심인지 바로 알아차리기가 어렵다. 하지만 제대로 들여다보면 숨겨진 서사마저 들려주는 게 지도다. 무작정 현장으로 달려가기 전에 지도가 말하는 것들과 말하지 않는 것들을 살펴보자.

10년 뒤를 보는 눈

[도표 1-1] 르네 마그리트의 그림 〈통찰력〉

자료: 한국미술저작권관리협회(SACK)

남자가 새를 그리고 있다. 어떤 새일까.

만약 그림을 대충 봤다면 다시 한 번 자세히 살피자. '왼손이 없는 건가?' 싶겠지만 그는 알을 보면서 새를 그리고 있다. 미래에 다녀온 남자의 이름은 르네 마그리트. 작품의 제목은 '통찰력'이다. 부동산에서 공간을 바라보는 건 이 같은 관점이다. 현재를 통해 앞을 내다보는 일이기 때문이다.

부동산의 미래라고 해서 어렵게 생각할 필요 없다. 개발을 통해 바뀌게 될 모습을 떠올리면 된다. 구도심의 낡은 주택들이 재개발이나 재건축을 통해 새 아파트가 되면 일대가 인기 주거지로 거듭나는 식이다. 논밭이던 땅에 신도시가 들어서는 것도 마찬가지다. 물론 더 그늘지고 건물만 낡아가는 형태의 미래도 있다. 그래서 ==현재를 보고 10년 후의 모습을 그리는 게 부동산을 바라볼 때 필요한 통찰력이다. 보통은 거꾸로 행동한다. 새를 보고도 알을 그린다.==

성공적인 개발의 조건

어떤 알이 먼저 새가 될 수 있을까? 위치 좋은 곳의 재개발·재건축이라고 해서 꼭 잘되는 건 아니다. 원주민들의 뜻이 달라 동의서를 모으는 것부터 애를 먹는다거나, 사업 방식에 대한 이견으로 표류하다가 백지화되는 경우도 허다하다. 재건축사업에선 이웃한 단지가 끼거나 주택의 면적대가 다양하다는 것만으로도 사업이 삐걱거릴 수 있다. 이해관계가 다르다는 점이 결국 내홍의 씨앗이 되기 때문이다.

성공적인 재개발·재건축은 보통 다음과 같은 공통점이 있다. 첫째 새집을 지을 수 있을 만큼 사업성이 담보되는 것, 둘째 주민들이 사업 추진을 위해 일치단결하는 것, 셋째 어떤 식으로든 시대와의 불화를 겪지 않는 것. 입지의 힘보다 구성적 요인과 시장 환경이 더 크게 작용하는 셈이다. '좋은 자리'는 나중에 더 후한 가격을 받을 수 있는 조건이지 사업을 성공시키는 열쇠가 아니다.

==이렇게 지어진 신축 아파트의 힘은 강력하다. 지역에 대한 가치 평가가 완전히 새롭게 이뤄지게 만들기 때문이다.== 그래서 재개발이든 재건축이든 일단 사업이 제대로 굴러갈 조짐만 보여도 어디선가는 입지의 경쟁력을 운운하기 시작한다. 얼마 지나지 않으면 긍정 일색인 분석이 쏟아진다. 자리가 좋아 사업이 굴러가는 게 아니라 사업이 굴러가기 때문에 좋은 자리가 된다는 얘기다. 살짝 멀긴 해도 지하철 노선이 있다거나, 늘 막히지만 간선도로가 가까워서 업무 지구까지 출퇴근하기 편리하다거나, 주변에 생활 편의시설이 다채로워 살기 좋다는 등의 익숙한 내용들이다.

10년 뒤를 보는 통찰력

내세울 것 없던 동네가 상전벽해로 아파트숲이 되면 집값이 오를 일만 남았을 것 같지만, 진짜 통찰력은 그 이후의 모습을 보는 것이다. 온 동네가 으리으리한 아파트로 바뀌면 인구밀도로 인한 문제가 서서히 불거진다. 새로 늘어난 인구를 감당할 만큼 충분한 인프라가 확충되는 경우는 그리 많지 않기 때문이다. 특히 ==도로의 문제가 심각하다. 도로가 감당할 수 있는 교통량은 저밀도일 때의 구도심 상태 그대로인데 새 아파트가 들어서면 인구는 서너 배로 불어난다.==

이 같은 문제가 대표적으로 나타난 곳이 서울 이문·휘경뉴타운*이다. 3개 구역의 재개발이 하필 동시에 마무리되면서 2025년에만 1만여 가구가 새로 입주했다. 이문4구역의 사업도 뒤따른다는 걸 고려하면 일대에선 4~5년 동안 1만 3,000여 가구가 증가하는 셈이다. 가구당 2.3명으로 환산했을 때 이 기간에 불어나는 지역 인구만 3만 명이다.

새 아파트 준공이 몰리면서 지역의 가치는 크게 올랐다. 하지만 몰리는 인구를 받아낼 도로 용량과 우회도로는 턱없이 부족하다. 이문·휘경뉴타운을 관통하는 중심 도로인 이문로는 달랑 편도 2차선짜리다. 이마저도 곳곳에 비보호 좌회전 구간이 있어서 직진 차로로

---

* '뉴타운'은 여러 개의 재개발구역을 묶어 기본계획을 수립하는 광역 단위 재개발사업을 일컫는다. 서울시에서 독자 조례로 추진하던 뉴타운 사업이 기원이다. 이후 전국화되는 과정에서 '도시재정비촉진을 위한 특별법(재촉법)'을 수립하고 재정비촉진지구제도를 도입했다. 뉴타운과 재정비촉진지구는 사실상 동의어지만 통상 재촉법을 수립하기 전 사업이 시작된 곳은 뉴타운으로 부르고, 재촉법 수립 이후 사업이 시작된 지역은 재정비촉진지구로 부른다.

[도표 1-2] 서울 이문·휘경뉴타운과 주변 도로

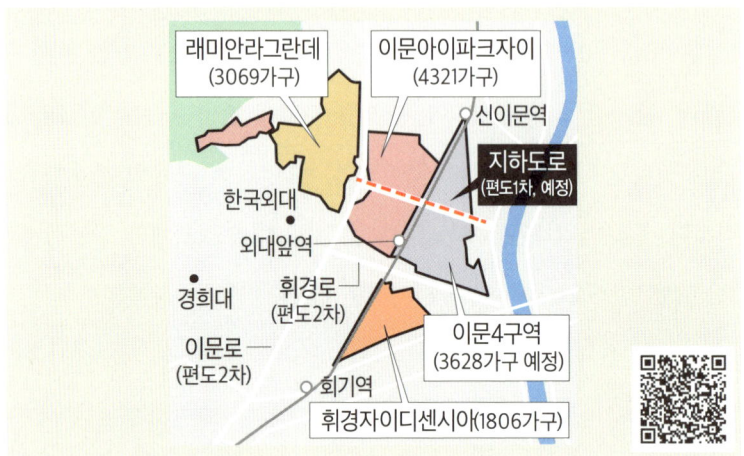

자료: 〈한국경제신문〉

이용할 수 있는 구간이 제한적이다. 여기에 택시나 버스의 정차까지 반복되면 후속 차량은 원인을 알 수 없는 유령 정체를 겪으며 도로에 갇힐 수밖에 없다. 동부간선도로 방향으로 우회할 수 있는 휘경로 또한 편도 2차선에 그쳐 지옥이긴 마찬가지다. 심지어 동네 전체가 지상철로를 가운데 두고 동서로 단절돼 있는 구조다.

보도블록 교체 등 크고 작은 공사라도 있는 날엔 풍경이 더욱 다채롭다. 시민들이 도로를 가로지르는 모습도 심심찮게 볼 수 있다. 인도와 차도 일부가 공사로 통제되면 버스는 정류장 대신 1차선에 정차하는데, 이때 시민들은 도로 한복판까지 걸어나가 곡예 같은 승하차를 한다. 정차한 버스 뒤로는 오도 가도 못 하는 차량 행렬이 좁은 도로를 꽉 메운다.

지도만 봐서는 알 수 없는 것들

도로를 넓히면 되지 않을까? 재건축이라면 쉽다. 아파트를 새로 지을 때 넓힐 도로만큼 여유 공간을 마련해두면 된다. 대부분의 아파트 단지가 대로를 접한 블록 단위이기 때문에 여러 단지가 연쇄적으로 여유 공간을 마련하면 그만큼 몇 개 차선이 늘어날 수 있다.

문제는 재개발이다. 재개발구역을 지정할 땐 집집마다 깔고 앉은 땅의 모양에 맞춰 전체 구역의 경계를 그린다. 그런데 삐뚤빼뚤 그려질 때가 많다. 사업에 반대하는 집이나 종교시설, 상가 등과 마찰을 빚어서다. 갈등과 민원을 피하려다 도로변에 건물이 한 채라도 남으면 그 도로의 확장은 사실상 물 건너간다. 동네를 모두 밀어버릴 때 헐지 못한 건물을 나중에 뒤늦게 철거하려면 협상과 수용을 진행해야 한다. 당연히 이땐 부르는 게 값이다.

반대로 생각해보자. 당신이 동네 전체의 주거 여건을 판가름할 열쇠를 쥐고 있다면 얼마까지 부르겠는가. 상상만 해도 행복하겠지만 그 행복의 크기만큼 나머지 주민들은 속이 탄다. 이 타협이 만만치 않기 때문에 대로변에 건물을 남겨뒀던 재개발구역들은 대부분 도로를 넓히지 못하고 그대로 쓴다.

토지를 대규모로 수용해 짓는 신도시에선 앞으로 유입될 인구에 맞춰 도로를 설계한다. 광역교통대책을 수립해 인근 도시와의 연계망도 촘촘하게 짠다. 하지만 구도심 재개발과 재건축은 순서가 반대다. 주택을 먼저 개량하면서 주변 기반시설에 미칠 파급효과를 측정한다. 그나마 부지 면적이 5만 제곱미터 이상인 재개발·재건축 사업장은 교통영향평가라는 걸 거치지만 근본적인 문제 해결책은 아니다. 개별 구역에 대해 심의할 뿐 지역 전체의 도로체계 개선을 다루기는 어려워서다. 주로 단지 출입구와 일대 신호체계 등에 한정해 심의가 이뤄지는 편이다.

지자체는 주민들의 민원이 빗발치면 그제야 용역을 시작하는데, 요식 행위로 끝나는 경우도 많다. 결국 도로를 넓히기 위해 허물어야 하는 건물의 보상 문제에 직면하기 때문이다. 고가도로라도 새로 뚫기 전엔 문제를 해결하기가 어렵다. 게다가 요즘은 주민들이 고가도로를 좋아하지도 않는다. 1년 내내 그늘져 비둘기와 노숙자의 쉼터가 되기 때문에 있는 고가도로조차 없애는 추세다. 그렇다고 지하도로를 뚫자니 돈이 많이 든다. 이 같은 문제들 때문에 어떻게든 철도와 버스 등 대중교통의 수송 분담률을 높이는 게 정부의 목표다. 때론 공기만 수송한다는 욕을 먹어가면서도 수조 원 단위 돈을 들

[도표 1-3] **교통수단별 여객 수송 분담률** (단위: %)

구분	2011년	2015년	2019년	2020년	2022년
승용차	56.8	55.8	54.1	69.0	64.7
택시	3.6	3.0	2.8	2.4	2.5
버스	24.1	26.2	23.0	12.3	13.5
철도	15.5	15.1	20.0	16.3	19.3

자료: 국토교통부

여 철도망을 확충하는 이유다.

이 글을 통해 특정 지역을 깎아내리려는 건 아니다. 한 집에 자동차 두 대도 흔한 시대다. 도로 용량 문제는 이문·휘경뉴타운뿐 아니라 대단위 재개발·재건축이 이뤄지는 지역에선 어렵지 않게 볼 수 있는 풍경이다. 서울 강동구, 경기 성남 수정구와 광명 등 신축 아파트 공사와 입주가 집중된 지역들도 마찬가지 진통을 겪었다. 재개발·재건축 활성화를 하겠다며 용적률*을 최대로 부여하면서 도시의 밀도를 높인 반면 도로 등 기반시설은 여기 맞춰 확충하지 않은 탓이다. 중요한 건 앞으로도 확충할 수 없는 곳이 많다는 것이다. 지도만 봤을 땐 알 수 없는 것들, 현장에 가서 직접 보더라도 생각하지 않으면 보이지 않는 것들이다.

---

* 건물의 연면적을 땅의 넓이로 나눈 비율로, 밀도를 측정하는 대표적인 지표다. 100제곱미터짜리 땅에 50제곱미터짜리 2층 건물(연면적 100제곱미터)을 짓는다면 용적률은 100%다. 같은 면적의 건물을 4층(연면적 200제곱미터)으로 올린다면 용적률은 200%가 된다.

지도가 말해주는 것들과 말해주지 않는 것들

지상담병(紙上談兵). 지도 위에서만 병법을 논한다는 고사성어다. 단어에서도 느껴지지만 실전적 경험 없이 지식에만 기대는 걸 경계하라는 교훈이다. 중국 춘추전국 시대 조(趙)나라가 국운을 건 일전에서 현장직의 목소리를 무시하고 이론가의 말만 따르다가 패망한 일에서 유래했다. 부동산 분석에서도 앉아서 지도만 보는 건 죄악시되는 경향이 있다. 물론 현장답사는 굉장히 중요하다. 하지만 최근엔 지도를 기반으로 한 스마트폰 앱이나 연계 서비스가 매우 발달해 있다. 제대로 분석하기 위해선 버드아이(bird's eye)처럼 광역적 시점, 거시적 관점이 필요할 때도 있다. 무턱대고 현장부터 찾았다간 놓칠 수 있는 것들도 수두룩하기 때문이다. 맨땅에 헤딩하는 전략은 생각보다 남는 게 없을 때가 많다.

일반지도와 위성지도 번갈아 보기

지도를 활용할 땐 여러 가지 옵션을 번갈아 쓰는 게 유용하다. 일반지도는 직관적이어서 위치나 주변 지리 등을 파악하기 좋다. 위성지

[도표 1-4] 일반지도(위)와 위성지도(아래)로 비교한 서울 중림동 한국경제신문사 주변

자료: 네이버지도

==도로는 지역의 분위기를 읽을 수 있다. 건물들이 우주에서 지구까지 거리만큼 눌려 있지만 그래도 높이를 어렵지 않게 가늠할 수 있기 때문이다. 낮은 빌라나 단독주택이 밀집한 곳인지, 상업용 건물들이 모인 곳인지는 위성지도만으로도 확 구분된다. 건물들의 높이를 통해 지역의 속성을 알 수 있는 것이다.==

도로는 위성지도를 활용할 때 구조를 파악하기 쉽다. 일반지도에선 이어진 도로처럼 보여도 실은 입체적으로 교차하는 지점이거나 아예 이어지지 않은 곳들도 더러 있기 때문이다. 자세히 보면 차선 숫자도 셀 수 있다. 도로 용량을 가늠해볼 수 있다는 의미다.

땅의 성격을 파악할 땐 지적도

지적편집도는 땅의 성격을 파악할 때 필요한데, 이 성격이란 게 MBTI처럼 복잡하진 않다. 시가화가 진행된 도시 지역은 땅의 성격이 세 가지로 나뉘어 있다. ==노랑 계열은 주거지역, 빨강 계열은 상업지역, 파랑 계열은 공업지역이다. 신도시 아파트를 홍보할 때 쓰이는 지도의 블록별 색상도 이 기준에 따른다.== 여기서 공업은 굴뚝에서 연기 나는 공장들만 가리키는 게 아니다. 기업의 R&D(연구개발)센터나 지식산업센터* 등도 공업지역에 들어설 수 있다.

사람의 성격처럼 땅의 성격도 궁합을 맞추는 데 중요하다. 지을 수 있는 건물의 종류나 크기가 여기서 결정되기 때문이다. 이를 용

[도표 1-5] 지적도로 본 서울 도심 주변

자료: 네이버지도

도지역이라고 한다. 예를 들면 건물의 종류는 똑같은 아파트여도 주거지역에 지어진 아파트와 상업지역에 지어진 아파트는 엄연히 다르다. 주거지역의 아파트는 흔히 볼 수 있는 대단지 아파트들이다. 상업지역의 아파트는 주상복합이라고 부른다. 원래 상업용 건물을 지어야 하는 땅이기 때문에 저층부엔 상가를 깔고 위로 아파트를 올린 것이다. 주거지와는 달리 높은 용적률이 허용되기 때문에 그만큼 고밀도, 고층 개발이 가능하다.

★ 옛 아파트형 공장. 도심에서 쇠퇴한 제조업 공장 부지 등을 활용하기 위해 도입된 제도로 가산디지털단지나 구로디지털단지 등에서 흔히 볼 수 있는 대형 오피스 건물이다. 저층부엔 상업시설, 중·고층부엔 소규모 사무실들이 입주한 형태다.

[도표 1-6] **용도지역별 용적률**

구분			용적률(%)
주거지역	전용주거지역	1종	50~100
		2종	100~150
	일반주거지역	1종	100~200
		2종	150~250
		3종	200~300
	준주거		200~500
상업지역	중심상업지역		400~1,500
	일반상업지역		300~1,300
	근린상업지역		200~900
	유통상업지역		200~1,100
공업지역	전용공업지역		150~300
	일반공업지역		200~350
	준공업지역		200~400

다만 상업지는 건폐율*이나 일조권**, 조망권, 동 간 거리 등에 대한 기준이 주거지보다 느슨하다. 그래서 높은 용적률과 건폐율의 반대급부로 이른바 '닭장 건물'이 만들어지기도 한다. 사이에 틈조차 허용하지 않는 촘촘한 닭장. 옆 단지 주민과 악수라도 할 수 있을 정도로 창문이 맞붙는 경우도 있다. 길을 걷다가 봤다면 불법이 아닐까 의심해봤을 장면이다. 하지만 지도는 말해준다. 법적으로는 전

---

* 건물의 바닥면적을 땅의 넓이로 나눈 비율. 용적률과 함께 밀도를 측정하는 지표 중 하나다.
** 해를 볼 수 있는 권리. 건축법에 규정된 조항으로, 건물의 높이에 제한을 두고 이격거리 등을 설정해 일정한 일조 확보를 보장한다. 이 같은 일조권과 달리 조망권은 원칙적으로 법적 보호 대상이 아니다.

[도표 1-7] 서울 문배동 주상복합 아파트 용산이안과 주변 오피스텔

혀 문제가 없음을. 상업지는 원래 사람이 사는 곳이 아니라 장사를 하거나 일하는 땅이다. 그래서 이곳에 지어지는 건물들은 옆 건물과 바짝 붙어도 상관없다. 단지 사람이 살다 보니 불편해졌을 뿐이다.

지적도를 잘 들여다보면 낯선 동네에서도 개발사업을 상상해볼 수 있다. 마음속으로 정한 입지에 원하는 크기의 건물 한 채를 짓기 위해선 몇 개의 필지*를 사들여야 하는지도 계산해볼 수 있다. 어떤 땅은 도로를 내기 위해, 혹은 완전한 하나의 블록을 만들기 위해 필연적으로 인근 필지를 같이 사야 하는 경우도 생긴다. 반대로 보자면 누군가는 알을 박기 좋은 구조라는 얘기다. 물론 우리는 돈이 없

* 땅의 개수를 세는 단위로, 지적도에서 지번이 부여된 하나의 조각을 말한다. 병합할 수도 있고 분할할 수도 있다.

기 때문에 상상해본다는 것이다.

지도와 지형

지도가 최선을 다해 말해주지만 잘 보이지 않는 것들도 많다. 대표적인 게 지형이다. 지도에 표현된 길이 곧지 않고 삐뚤빼뚤 꺾여 있다면 대체로 경사지다. 도로가 없던 과거부터 존재해 누군가가 비틀비틀 오르던 길이어서다.

그런데 함정도 있다. 경사가 있는 지형이지만 도로 구조가 격자로 만들어진 곳들도 적지 않다. 산업화 이후 새롭게 조성한 시가지일수록 이 같은 경향을 보인다. 서울 테헤란로 주변 이면도로나 경

[도표 1-8] 경기 성남 태평동 일대의 언덕길

자료: 〈한국경제신문〉 집코노미

기 성남 구시가지로 불리는 태평동 일대가 그렇다. 태평동은 영화 〈인셉션〉의 포스터에 비유될 만큼 경사가 심한 구릉 지형이지만 지도상으로는 꼬부랑길 하나 없는 완벽한 바둑판이다. 산업화 시기에 서울 청계천 주변 판자촌 철거민들을 강제로 이주시키기 위해 조성한 곳이기 때문이다. 성남의 출발점이기도 한 광주대단지가 이곳이다.

이렇게 현장과 지도는 상호보완적인 관계다. 현장답사는 지도에서 본 것들을 확인하는 과정이고, 지도 분석은 현장에서 본 파편들을 퍼즐로 맞춰나가는 일이다. 어떤 주석도 달려 있지 않은 눈앞의 풍경들은 천천히 따져봐야 하나둘 읽히기 시작한다.

공간적 거리와 시간적 거리

여기 서울 중림동 한국경제신문사에 다니는 두 열정맨이 있다. 김한국 씨는 충남 천안의 천안아산역에서 서울역까지 KTX를 타고 출퇴근한다. 그의 통근 시간은 1시간이다. 이경제 씨는 서울 강서구에서 회사까지 차를 몰고 다닌다. 평균적으로 1시간 10분이 걸린다. 이들 중 누가 회사와 더 가까운 곳에 산다고 말할 수 있을까?

[도표 1-9] 거주지와 통근 시간

구분	거주지	통근 방법	통근 시간
김한국	충남 천안	KTX: 천안아산역 → 서울역	1시간
이경제	서울 강서	자동차: 마곡 → 충정로	1시간 10분

공간 vs 시간

공간적 거리만 본다면 이경제 씨가 회사와 더 가까운 곳에 산다. 하지만 시간적 거리를 따지면 김한국 씨다. 심지어 그는 이 씨보다 도착의 정시성마저 높다. 회사에서 좋아할 만한 인재인 셈이다. 반면 이 씨는 열정과 달리 매일의 교통 상황에 따라 회사 도착 시간이 더 늦어지기도 한다.

==지도는 공간적 거리로 읽는 게 편하다. 예를 들어 새로 조성되는 신도시가 서울과 얼마나 가까운지를 따져볼 땐 서울의 경계로부터 몇 킬로미터나 떨어져 있는지를 재는 게 직관적이다. 애초에 공간을 시각화한 그림이 지도이기 때문이다.==

그런데 지도에 시간적 거리 개념이 입혀질 때가 있다. 길 찾기나 내비게이션 기능으로 목적지를 입력했을 때다. 도착까지 예상보다 오래 걸리는 지역이 있는가 하면 생각보다 금방 이동할 수 있는 지역도 있다. 자동차나 버스 등 도로교통 말고는 대안이 없는 곳일수록 시간의 편차도 크다. 공간적 거리로는 겨우 세 블록 앞인데 출퇴근 시간에 제대로 막히면 시간적 거리로는 20~30분이 더 걸리기도 하듯이 말이다. 한자리에 갇혀 있다면 열정도 식어버릴 시간이다.

부동산에서 말하는 접근성은 공간적 거리와 시간적 거리라는 두 가지 측면을 모두 고려해야 한다. 어느 한쪽만 강조하는 경우 다른 한쪽엔 심각한 결핍이 존재하기도 해서다. 분양광고를 예로 들자면

막연히 서울과 가깝다는 것만 강조하는 지역들이다. 직선거리로 그
었을 땐 정말 가깝다. 다만 연계할 수 있는 교통이 부족할 뿐이다.

가깝지만 멀고, 멀지만 가까운 곳들

경기 고양 덕은지구는 수도권에 조성된 택지 가운데 서울과 가장
가까운 곳으로 꼽힌다. 가깝다 못해 거의 붙어 있을 정도다. 사실상
상암 디지털미디어시티(DMC)라고 볼 수도 있지만, 자세히 들여다
보면 오묘하게 연담화*가 이뤄지지 않았다. 쉽게 말해 도시가 이어
지지 않은 것이다. 국방대학교 부지의 개발이 늦어지면서 두 지역의
접점이 돼야 할 공간이 텅 비어버려서다. 그 덕에 덕은지구와 서울
사이엔 도로 2개만 아슬아슬하게 닿아 있다. 주민들 사이에서 교통
섬이라는 볼멘소리가 나오는 이유다.

앞으로 국방대 부지가 개발된다면 덕은지구의 경쟁력이 강해지리
라는 건 불 보듯 뻔하다. 사실상의 서울이 된다. 다만 지형적 구조에
서 도시의 확장성이 동북쪽 한편으로만 열려 있어 한계도 존재한다.
동쪽은 난지도 노을공원에 막혀 있고 북쪽은 산으로 막혀 있다. 남단
은 한강으로 인한 단절이 발생한다. 한강과 단절이라는 단어의 조합
이 어색하지만 서울은 한강을 따라 간선도로가 깔려 있기 때문에 막

---

* 連擔化. 도시가 팽창하면서 인근 행정구역의 시가지와 맞닿는 것.

[도표 1-10] 서울 상암동 일대(오른쪽)와 경기 고양 덕은지구(왼쪽)

자료: 네이버지도

다른 길이나 다름없다. 이동 측면에선 우회를 막는 단절점이다.

정부가 택지를 조성하고 있는 경기 구리의 한강변 토평2지구도 비슷하다. 지도만 보면 서울과 바로 붙어 있지만 아차산과 망월산이라는 자연 경계로 구분돼 있다. 서울 도심으로 진입할 수 있는 도로 교통이 산을 우회하는 몇 가지 경로로 압축될 수밖에 없다.

물론 서울이라고 해서 도심까지 오래 걸리는 지역이 없는 건 아니다. 서북권 지역은 산과 산 사이에 놓인 통일로를 유일한 도로축으로 두고 수많은 동네가 포도송이처럼 달려 있는 형국이다. 상습 정체가 일어날 수밖에 없다. 동부이촌동으로 불리는 이촌1동도 갈라파고스 같은 구조다. 워낙 부촌이어서 다른 지역들과 연계성이 떨어지는 점을 오히려 장점으로 내세울 뿐 접근성 면에선 높은 점수

[도표 1-11] 한강 북단의 논밭을 개발하는 경기 구리 토평2지구

자료: 네이버지도

를 받기 힘든 도로 구조다. 이 때문에 일대 단지들의 재건축 계획엔 주변 도로를 개선하고 연계성을 높이는 내용들이 반영돼 있다.

어떤 지역들에선 공간적 거리가 아닌 시간적 거리만을 강조하기도 한다. 물리적으로 너무 멀어서 그렇다. 파주 운정신도시를 보자. '서울 도심과 30킬로미터 거리의 신도시'라는 소개와 '서울역에서 10분대 거리의 신도시' 가운데 어떤 표현이 더 가깝게 느껴질까? 편집자뿐 아니라 독자들 또한 후자를 꼽을 것이다. 물론 여기서 '10분대'라는 표현은 '실제로는 19분, 지연되면 20분대'라는 의미를 품고 있다.

공간이든 시간이든 연결을 강조하는 이유는 간단하다. 광역 중심과 어떤 역학 관계에 놓이느냐에 따라 지역의 가치가 결정되기 때

==문이다==. 쉽게 말해 수도권 도시라면 서울과 얼마나 가까운지가 가치의 척도가 된다는 의미다. 주변 도시들은 우주의 별처럼 중력에 끌려 광역 중심을 추종하며 공전한다. 과거엔 수도권 도시들을 위성도시라고 불렀던 이유다. 왜인지는 고민할 필요 없다. 힘의 균형이 그렇다.

지역엔 서열이 있고 균열로 무너진다

서열은 어디든 존재한다. 부동산 세계에서도 이 질서는 매우 공고하다. 가치가 서열에 따라 상대적으로 결정되기도 한다. 예를 들어 비인기 지역 A의 집값이 인기 지역 B를 바짝 따라붙으면 B의 집값이 순식간에 올라버린다. 다른 이유는 없다. A가 우리의 가격을 턱밑까지 쫓아왔기 때문이다.

다소 가볍게 표현하자면 이를 급지라고 한다. 상급지와 하급지, '우리가 쟤보단 못해도 걔보단 나은' 1급지, 2급지, 3급지…. 이 서열은 웬만해선 바뀌지 않는다. 서열을 결정하는 요인 중엔 객관적인 지표들도 있지만 인식도 중요한 부분이기 때문이다. 인식의 영역은 정량화하기도 힘들고 시간이 쌓일수록 견고해진다. 지역마다 하나쯤 있기 마련인 '엄마가 ○○동네 애들과 놀지 말랬어'가 대를 이어간다.

재개발·재건축을 통한 급지 역전

그런데 이 게임엔 역전이 존재한다. 서열엔 종종 균열이 생긴다. 서울 반포동과 잠원동 일대가 2000년대 시작된 재건축 시대를 관통하면서 전통 부촌들을 제치고 선망의 주거지가 된 것처럼 말이다.

급지 역전이 일어나는 원인은 여러 가지다. 첫째는 재개발이나 재건축 같은 정비사업을 통해서다. 대표적 사례가 아현뉴타운이다. 재개발이 이뤄진 뒤 비로소 입지의 가치가 발현됐다. 원래도 위치는 좋았다. 서울의 3대 업무지구 가운데 두 곳인 광화문·시청과 여의도를 양쪽에 끼고 있다. 다만 집이 낡은 상태였을 뿐이다. 그러나 재개발사업을 통해 신축 아파트로 하나둘 도배되면서 지역에 대한 선호도가 급격히 올라갔다. 도심 가까운 신축 대단지는 그만큼 귀했다. 만만찮은 구릉지에 걸쳐 있다는 단점은 문제가 되지 않았다.

같은 정비사업이어도 재개발과 재건축은 따로 봐야 한다. 새 아파트를 짓는 일이라는 점에선 비슷해 보이지만 도로와 공원, 상수도 등 기반시설을 완전히 새로 놓느냐 아니냐에 따라 사업이 구분된다. 쉽게 얘기해 아파트를 부수고 다시 아파트를 짓는다면 대부분 재건축에 든다. 이 경우 도로 등의 인프라는 원래부터 존재했다. 여건이 나쁘지 않았던 동네가 더 좋아지는 사례다. 반대로 재개발은 기반시설이 부족하거나 없다시피 했던 동네가 확 개선되는 식이다. 그래서 사업 전후가 드라마틱하게 변한다. 옥수동이나 금호동의 가파른 언덕도 마찬가지다. 과거엔 달동네의 상징처럼 여겨졌지만 재개발을 거치면서 이젠 그런 인식이 많이 희석됐다.

정비사업은 조그만 단지들로 작게 작게 이뤄지기도 한다. 이 경우 한두 블록의 주택이 개량되긴 하겠지만 지역의 환경이 바뀐다고 보긴 어렵다. 없던 도로를 새로 놓고, 공원이나 공공시설을 마련해 주거 여건을 개선하려면 필연적으로 사업 규모가 커져야 한다. 그래서 여러 재개발구역을 묶어 진행하는 뉴타운(재정비촉진지구)에서 급지 역전이 이뤄지는 경우가 많다.

비유하자면 개별 구역에서 산발적으로 이뤄지는 정비사업은 경기 용인 산골짜기 여기저기에 조그만 아파트 단지들이 지어지는 것과 같다. 당장 개발하기가 쉽고 주변 주택 중에선 신축이어서 주목받겠지만 지역을 개선하는 단지는 아니다. 오히려 부족한 인프라 속에서 같이 허덕이는 단지가 될 가능성이 높다. 반면 뉴타운식 광역 정비사업은 신도시 개발에 가깝다. 아예 처음부터 각을 잡고 도시의 밑그림을 새로 그리기 때문이다.

교통·개발 호재에 힘입은 급지 역전

교통 여건 개선도 대표적인 역전 홈런 가운데 하나다. 여기서 교통이란 정시성을 담보할 수 있는 철도교통을 말한다. 김한국 씨를 우수사원으로 만들어줬던 그 철도교통 말이다. 수도권 지역이라면 서울로 이어주는 철도 노선이 중요하다. 파주 운정신도시의 경우 GTX(수도권광역급행철도) A 노선 개통 이후 '교통 혁명'이라는 말이 나올 정도로 지역의 가치가 달라졌다. 과거엔 서울보다 개성이 더 가깝다는 비아냥도 들었지만 이젠 운정중앙역부터 서울역까지 20분이면 오갈 수 있다. 시간을 돈으로 살 수 있는 것이다.

하남은 신도시들을 내세워 서울 지하철 노선을 3개나 끌어왔다. 강동 바로 옆에 미사강변도시가 개발되면서 5호선과 9호선을 받았고, 3기 신도시인 교산신도시 덕에 3호선도 구도심까지의 연장이 확정됐다. 서울 강동동(江東東)구라고 해도 무리가 없을 정도다. 고양 덕은지구 사례와 달리 3중 철도 노선을 통해 서울과 긴밀히 연결됐다. 서울까지의 교통 수요가 하나의 축에 모두 몰리지 않는다는 게 가장 큰 장점이다.

눈에 띄는 건 여러 지하철 노선을 끌어들이면서도 기피시설을 받지 않았다는 점이다. 주민들이 꺼리는 차량기지는 서울에 그대로 둔 채 하남엔 역만 끌어왔다. 서울 지하철이 시외로 연장될 땐 마치 서비스처럼 해당 지자체가 차량기지까지 떠안는 게 일반적이다. 4호선이 진접으로 연장될 때 남양주가 창동차량기지를 받은 것처럼 말이다. 그런데 하남은 달랐다. 3호선과 5호선이 연장됐지만 인근 수서와 강일에 차량기지가 있기 때문에 이전받지 않을 수 있었다. 9호선 역시 종착지가 아닌 경유지였기에 차량기지를 남양주에 양보할 수 있었다.

대형 개발 호재 또한 급지 역전의 재료 중 하나다. 어떤 단지들엔 아예 존재의 이유가 되기도 한다. '한숨시티'라는 말까지 들었던 용인한숲시티가 대표적 사례다. 용인한숲시티는 안 그래도 난개발이 심각한 용인 산속 구중심처에 덩그러니 지어진 단지다. 6,000가구가 넘는 규모여서 아파트 자체의 시설은 좋지만 주변에 자족 기능을 채울 곳이 없다는 게 문제였다. 그렇게 수년 동안 조롱받던 어느 날 인근에 반도체 국가산업단지가 덜컥 발표됐다. 날마다 숫자가 바뀌긴 하지만 어쨌든 수백조 원 규모의 투자도 계획됐다. 덕분에 한숲시티의 집값도 날마다 바뀌었다. 물론 이 책이 절판될 때까지 산업단지의 첫 삽도 뜨지 못할 수 있지만, 국가의 명운을 걸고 추진되는 사업이라는 점에서 한숲시티엔 유일한 존재의 이유가 된다.

복합적인 변화

대규모 개발사업은 어디든, 무엇이든 호재가 될 수 있다. 신도시 개발도 마찬가지다. 지역의 자족성을 높여줄 수 있는 개발이라면 급지를 바꾸는 데 결정적 영향을 미친다. 큰 기업을 유치하고 R&D 인력을 끌어온다면 고소득 직장인들이 지역 주민으로 편입될 수 있기 때문이다.

대표적인 곳이 서울의 서쪽 끝 마곡이다. 첨단산업단지를 중심에 두고 주변에 주택가를 조성했다. 이 산업단지엔 LG그룹의 연구개발

인력이 집중돼 있다. 외곽에 치우친 마곡에 대한 선호도나 집값이 주변의 강서 단지들을 앞서는 이유다. 주요 도심까지의 거리는 오히려 나머지 강서 지역들이 더 가깝다. 하지만 마곡 주민들은 집 앞이 직장이다. 그렇지 않더라도 5호선과 9호선, 공항철도까지 깔려 있어 교통 여건마저 주변 지역을 압도한다. 하수종말처리장과 공항 등 기피시설을 코앞에 뒀지만 다른 호재들로 페널티를 극복한 사례이기도 하다.

이 모든 것을 아우르는 복합적인 변화의 사례가 있다. 주거지와 상업지로 모두 인기가 높은 성수동 일대다. 과거엔 '서울 3대 족발'을 찾을 때나 동네 이름이 거론됐지만 이젠 완전히 달라졌다. 일대에서 사업이 진행 중인 성수전략정비구역은 한남뉴타운과 더불어

[도표 1-12] 한강을 접하고 있는 서울 성수전략정비구역 일대의 모습

자료: 〈한국경제신문〉 집코노미

재개발 최대어로 꼽힌다. 평지의 반듯한 땅 모양에 한강변이라는 사치재, 강 건너 압구정을 친구로 둔 강남 접근성에서 그렇다. 지하철 2호선과 수인분당선, 강변북로 등 교통망도 가로세로로 뻗어 있다.

지금의 성수를 만든 출발점은 서울숲 조성이었다. 도심 대형 공원이 조성되자 주변으로 고급 아파트들이 입주했다. 여기서 '고급'이 중요하다. '숲과 한강을 끼고, 평지에 교통마저 좋은 고급 단지'라는 타이틀을 후속 단지들도 모방할 수 있게 됐기 때문이다. 재개발사업이 힘을 얻고 달려갈 수 있는 이유이기도 하다. 이 같은 여건은 주거지 뒤편 성수동 상권의 변화를 가져왔고 결국 지역 전체의 가치가 달라졌다.

물론 단순히 집과 도로 정도 좋아졌다고 해서 통념상의 급지 순위가 확 뒤집어지진 않는다. 주거 여건이 개선되고 아이를 키우기 좋은 환경이 마련돼서 인식적 개선까지 이뤄졌을 때 변화가 생긴다. 특히 학군과 면학 분위기가 중요하다. 다만 학군은 개선하기가 쉽지 않은 문제다. 마치 부모님의 기대와는 달랐던 우리처럼 말이다. 설령 개선된다고 하더라도 오랜 시간이 걸린다. 우리 아이들 세대엔 그 변화가 일어나지 않을지도 모른다. 그래도 역전을 꿈꿀 수 있는 세계가 달콤하다.

'왜 개발을 안 할까' 싶은 곳엔 이유가 있다

어릴 때 읽던 동양고전 속 미인들의 운명은 기구했다. 빼어난 용모 탓에 정치적 희생양이 되는 경우가 많았다. 물론 잘생긴 남자들의 삶도 피곤하다(고 한다). 인기가 너무 많아서 생기는 불행도 존재한다(고 믿는다).

용산의 눈물

입지가 하급지에서 상급지로 역전되는 사례만 있는 건 아니다. 반대의 경우도 있다. 객관적인 여건이 너무 뛰어난 나머지 개발의 적기를 놓치고 시간이 멈춰버린 지역들이다. 이 분야 대표는 언제나 '10년 뒤'를 말하는 용산이다.

[도표 1-13] 〈대동여지도〉의 〈경조오부도〉(1861)에 표현된 용산

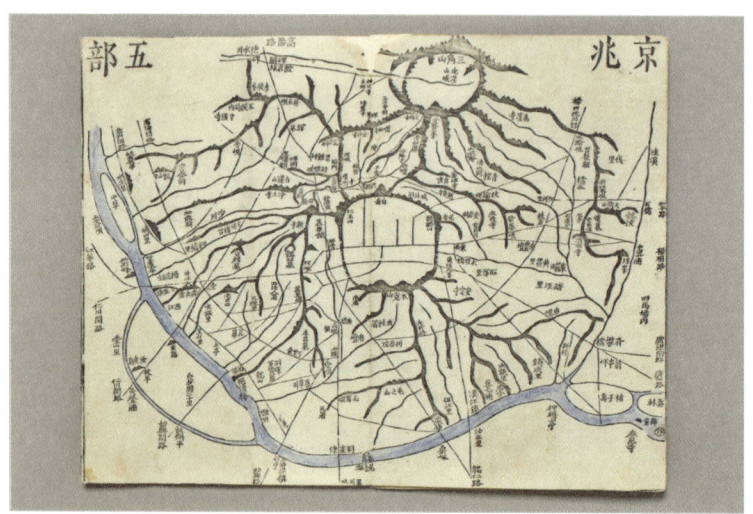

* 가운데 동그라미 왼쪽에서 여의도로 가는 길목에 용산이 있다.
자료: 서울역사박물관

    서울 지도를 펼쳐보면 정중앙에 용산이 있다. 〈대동여지도〉가 그려지던 시절부터 일제강점기, 현대에 이르기까지 마찬가지다. 한양이든 경성이든, 서울의 시역이 넓어지는 와중에도 변하지 않은 중심이다. 그러면서 금단의 땅이기도 했다. 구한말 청나라 군대부터 일본군과 미군까지 모두 서울의 최중심 용산에 주둔했다. 덕분에 지난 100년 동안의 도시계획이 서울의 정중앙을 최대한 비켜 가면서 세워졌다. 이제야 땅을 돌려받게 됐지만 미군이 기지로 쓰던 부지는 공원화가 계획돼 있다. 그래서 용산에서 뭔가 뚝딱거릴 수 있는 개발 부지는 그리 많지 않다. 용산역 서남 측에서 철도를 정비할 때 쓰던 땅이 유일하다.

[도표 1-14] 한강변에서 바라본 서울 용산역 주변과 용산정비창 일대의 모습

자료: 〈한국경제신문〉 집코노미

 그 땅의 이름은 용산정비창. 한국에서 철도의 역사가 시작된 이후 줄곧 정비소로 써온 땅이다. 면적은 49만 제곱미터가량으로 웬만한 대형 재개발구역보다 크다. 서울 도심에서 이만한 땅을 찾는 것도 어렵지만 용산의 지리적 위치를 고려하면 앞으로 다시 볼 수 없을 부지이기도 하다. 그래서 개발하기로 했다. 초안을 마련한 건 2000년대. 용산역 주변 재개발 바람과 함께 정비창에 국제업무지구를 조성하겠다는 그림이 그려졌다.

 단군 이래 최대 개발사업이라던 국제업무지구 조성은 익히 알려진 대로 거하게 망했다. 이유는 여러 가지다. 결정적 타격은 글로벌 금융위기였다. 이렇게만 얘기하면 시기적인 운이 안 좋았다고 생각할 수 있다. 하지만 변수가 많았다. 당시 서울시는 서부이촌동으로

불리는 이촌2동까지 포괄해 계획을 짰다. 한강변의 병풍 같은 아파트들을 허물고 노들섬까지 이어지는 보행교를 만드는 등의 청사진을 그렸다. 그런데 이렇게 되면 단순히 빈 땅을 개발하는 사업이 아니다. 사람이 살고 있는 곳도 개발하는 것 아닌가. 해당 지역에 살던 주민들에 대한 보상 문제가 발생할 수밖에 없다. 여기서 갈등이 생겼고, 그러다가 금융위기를 만났다. 결국 사업은 폭삭 망했다.

용산국제업무지구 조성사업(용산서울코어)을 다시 추진하겠다는 이야기가 나오기까지는 10여 년이 걸렸다. 또다시 '10년 뒤엔 강남을 넘을 곳'이라는 말을 하면서. 이 사업의 좌초는 한국의 부동산 개발사에도 트라우마를 남겼다. 그래서 이번엔 아예 서부이촌동 아파트 단지들을 처음부터 포함하지 않는 방향으로 밑그림을 그렸다.

이촌동과 압구정, 두 부촌의 희비

주민들의 높은 눈높이와 공공의 개입이 어우러져 지연되는 경우도 있다. 강남 재건축의 피날레라고 할 수 있는 압구정의 이야기다. 이제야 재건축사업을 진행하고 있는 것 같지만 기회는 한참 전에 왔었다. 2000년대 후반 서울시가 '한강 르네상스' 사업을 추진하던 때다.

당시 서울시는 기부채납을 조건으로 초고층* 재건축을 허용했다. 기부채납이란 뭔가를 내놓는 대신 그에 상응하는 인센티브를 받는 개념이다. 보통 땅을 내놓는다. 도심을 걸을 때 오피스빌딩 주변에 마련된 벤치나 공개공지**들은 대부분 그 건물을 지은 사업자들이 기부채납으로 내놓은 땅이다. 거대한 흡연 소굴로 전락할 때도 있지만 건물주가 일부러 그런 자리를 만든 건 아니다.

어쨌든 시는 땅을 받는 대신 용적률이나 층수 제한을 풀어준다. 밀도나 높이로 되돌려주는 것이다. 그런데 압구정에선 서울시가 요구한 기부채납이 과도하다며 수용하지 않았다. 그렇게 열차는 떠나버렸다. 그런데 동부이촌동에선 압구정과 정반대의 선택을 했다. 땅을 내놓는 대신 초고층 아파트를 지은 것이다. 한강 르네상스의 거의 유일한 성공 사례, 렉스아파트를 재건축한 래미안첼리투스다.

이후 한참을 멈춰 있던 압구정 재건축은 이제야 다시 속도를 내고 있다. 뜨문뜨문 다니는 경의중앙선처럼 열차가 한참 만에 다시 온 것이다. 하지만 일부 구역에선 서울시와 또 사사건건 충돌하고 있다. 공공기여 문제 때문이다. 공공기여는 단지 안에 임대주택을 넣는 비율이나 시설을 공공에 개방하는 부분 등을 말한다. 주민들은 당연히 재산권 침해라고 반발한다. 일리는 있다. 다만 서울시 입장에선 사업이 진행될 수 있도록 초고층 등의 길을 터주는 대신 반대

---

*   높이가 200미터 이상이거나 층수가 50층 이상인 건축물을 말한다. 초고층 건축물로 분류되면 피난 및 안전과 관련해 강화된 기준을 적용받는다.
** 건물을 지을 때 대지면적 중에서 일반 시민이 자유롭게 사용할 수 있도록 남겨놓는 공간.

[도표 1-15] 한강 르네상스의 유일한 성공 사례, 서울 이촌동 래미안첼리투스

자료: 〈한국경제신문〉 집코노미

급부를 요구할 수밖에 없다. 한강변 단지들에 대해서는 시민들이 한강을 자유롭게 이용할 수 있도록 보행로 등을 요구하기도 한다.

앞서 언급한 한강 르네상스도 원래 이름은 '한강 공공성 회복 선언'이다. 인센티브를 주는 대신 의무도 지우겠다는 의미다. 어떤 지역에선 기회지만, 또 어떤 지역에선 갈등의 씨앗이고 사업이 지연되는 이유가 되기도 한다. 그런데 서울시도 만만치 않다. 공공기여 조건을 잘 따르고 마찰이 없는 단지나 구역일수록 인허가에 속도를 내주면서 지원사격한다. 마치 말 안 듣는 곳들 보란 듯이.

'왜 재건축을 안 할까?'

위치나 상황과 관계없이 부동산 자체가 하자를 품고 있는 경우도 있다. '자리도 좋은데 왜 재건축을 안 하지?' 싶은 단지들은 대부분 그렇다. TV 드라마 등 미디어에도 종종 등장한 서소문아파트도 마찬가지다. 경찰청 뒤편인 미근동에 들어선 이 단지는 비스듬하게 꺾인 외관이 특징이다. 일대에 흐르던 만초천을 덮고 그 위에 아파트를 짓다 보니 하천의 굴곡을 그대로 따르게 된 것이다.

도시화가 진행되던 1970년대를 전후해 이처럼 복개천 위에 지어진 단지들이 더러 있다. 문제는 아파트 주민들 소유의 땅이 없다는 것이다. 정확히는 대지지분이 존재하지 않는다. 흔히 집문서라

[도표 1-16] 만초천을 덮은 자리에 지어진 서울 미근동 서소문아파트

자료: 〈한국경제신문〉 집코노미

고 말하는 등기부등본엔 건물이 깔고 앉은 땅의 면적이 얼마만큼인지 부기돼 있는 게 보통이다. 아파트는 여러 세대가 한꺼번에 같은 땅을 깔고 앉은 형태이다 보니 전체 땅의 크기에서 세대별로 안분해 대지지분을 정한다. 나중에 재개발이나 재건축을 할 때 건물을 헐고 나면 내 재산을 증명해줄 유일한 수단이 바로 대지지분이다. 그런데 땅이 없다면? 당연히 건물이 헐린 뒤엔 재산권을 행사할 수 없다.

땅이 없는 아파트에 사는 주민들은 어떻게 해야 할까? 방법은 두 가지다. 우선 땅을 되사는 방법이 있다. 이촌동 중산시범아파트가 이 같은 사례다. 건물만 소유하고 있던 주민들이 재건축을 위해 서울시로부터 토지를 인수했다. 처음 아파트를 지을 땐 건물만 분양했기 때문에 싼값에 내 집 마련을 할 수 있었지만 결국 최종 소유주는 땅을 도로 사들여 새 아파트를 지어야 하는 셈이다. 그런데 서소문아파트는 이렇게 되살 땅조차 아예 없다. 건물 아래가 하천이기 때문이다.

두 번째 방법은 주변과 함께 재개발을 진행하는 것이다. 서소문아파트엔 대지지분이 없지만 새 아파트를 받을 수 있도록 이웃 주민들이 배려해주는 것이다. 서소문아파트 일대의 재개발은 이 방식으로 추진됐지만 지금은 멈춰 있다. 주변 지역 주민들이 서소문아파트와 함께 사업을 추진하면 손해라고 생각했기 때문이다.

문제는 주변 지역에서 서소문아파트를 놔두고 따로 재개발을 추진할 경우 진입도로마저 제대로 낼 수 없는 구조라는 점이다. 철길과 학교, 경찰청으로 3면이 막혀 있다. 결국 서소문아파트가 태생부터 품었던 하자 탓에 이 단지의 재건축도, 주변의 재개발도 모두 멈춰버리고 만 것이다.

뭉치면 살고 흩어지면 죽는다

알박기는 알이 먼저일까, 닭이 먼저일까? 우리가 아는 알박기란 대부분 더 많은 보상을 받기 위한 전략이다. 그런데 모든 알박기가 욕심 때문은 아니다. 처음엔 함께 개발사업에 참여하려 했지만 알로 남게 된 경우들이 있다. 지도와 현장엔 그 흔적이 남아 있다.

동상이몽

'전용면적 84제곱미터 기준으로 한국에서 가장 비싼 아파트'. 서울 반포동 래미안원베일리에 대한 수식어다. 이 아파트는 하나의 단지처럼 보이지만 사실 여러 개의 아파트가 통합재건축을 한 사례다. 반포경남아파트와 신반포3차, 신반포23차, 우정에쉐르1·2차 등이

[도표 1-17] 일반 아파트 가운데 한국 최고가 아파트로 분류되는 서울 반포동 래미안원베일리

자료: 〈한국경제신문〉 집코노미

뭉쳐 3,000가구에 육박하는 새 아파트로 변신했다.

뭉치면 도모할 수 있는 일이 많다. 조그만 개별 단지들이 각각 재건축을 하는 것보다 부지를 크게 활용할 수 있다. 그만큼 건물 배치나 공간 활용이 효율적이다. 소규모 단지 입장에선 바로 옆에 재건축을 하는 단지가 있다면 붙어서 함께 가는 게 유리하다. 나홀로 재건축을 한다면 좁은 부지 탓에 지하주차장 출입구를 만드는 것부터 난관에 봉착할 수밖에 없다. 우리 단지만으로는 해결되지 않는 용적률이나 사업성을 옆 단지와 함께함으로써 해결하기도 한다. 재건축을 마친 뒤엔 주변에 낡은 건물이 남지 않고 한꺼번에 정비되는 효과도 있다.

글로 쓰니 몇 줄에 그치지만 재건축에서 통합은 가장 어려운 일

가운데 하나다. 한 아파트 안에서도 면적대 구성에 따라 단지가 갈린 채 재건축을 한 사례도 있다.* 사업 과정에서 각자 부담해야 하는 비용 등 이해관계가 너무 달랐기 때문이다.

같은 단지에서도 파벌이 갈라지는데 다른 단지를 하나로 합치는 건 얼마나 힘든 일이겠는가. 평생 모아온 재산이 걸린 일이기 때문에 소유주들은 더 민감하다. 멀리 갈 것도 없이 래미안원베일리에서 반포대로를 건너가 보면 통합재건축에 반쯤 성공하고 반쯤 실패한 단지가 나온다. 신반포4지구를 재건축한 메이플자이다. 이 아파트는 신반포8차와 9·10·11·17차를 통합재건축한 단지다. 그런데 왜 절반의 실패라고 표현했을까? 통합에 끼지 못한 단지들도 있기 때문이다. 물론 어디까지나 함께하지 못한 단지들 입장에서의 실패라는 의미다.

메이플자이의 단지 경계를 따라 사각형을 그리다 보면 모서리에서 도형이 깨진다. 신반포20차와 한신타운이 재건축을 함께하지 못하고 그대로 남았기 때문이다. 신반포20차는 일대에서 그나마 면적대가 넓은 단지 축에 들었다. 그래서 신반포4지구 재건축이 추진되던 당시엔 사업에서 빠져 있었다. 나중에 가서 합류를 원했지만 이 경우 신반포4지구조합이 손해를 본다는 계산이 나오면서 받아들여

---

* 반포주공1단지는 중대형 면적대 중심의 1·2·4주구가 디에이치클래스트로, 소형 면적대 중심의 3주구가 래미안트리니티로 각각 재건축을 진행했다.

[도표 1-18] 5개 단지가 통합재건축을 진행한 서울 잠원동 신반포4지구

* 신반포4지구는 메이플자이라는 이름의 아파트로 준공됐다. 공사장 바로 옆으로는 통합에 실패한 신반포20차와 한신타운이 덩그러니 서 있다.
자료: 〈한국경제신문〉 집코노미

지지 않았다. 신반포4지구가 신반포20차를 받아들일 경우 재건축초과이익환수제*가 적용될 수 있다는 유권해석이 나와서다. 덜렁 남게 된 두 단지는 운신의 폭이 좁아졌다. 둘만이라도 통합재건축을 진행할 수 있었지만 이마저도 이뤄지지 않았다. 두 단지의 용적률 차이가 컸던 탓에 한쪽이 사업성에서 손해를 보는 구조였기 때문이다. 결국 신반포20차와 한신타운은 따로 재건축 노선을 걷고 있다.

개포동에서도 비슷한 이유로 개포시영아파트와 단지 내 상가가

* 재건축사업에서 발생한 이익에 비례해 조합원들이 부담금을 내도록 한 제도. 2017년 12월 31일까지 관리처분계획인가를 신청하면 면제가 되는 조건이었다. 신반포4지구는 이미 환수제를 피한 상태였으나 신반포20차를 추가해 새로운 관리처분계획을 짠다면 환수제가 새롭게 적용된다는 유권해석이 나왔다.

따로 재건축을 진행했다. 개포래미안포레스트 한복판에 개포자이르네라는 작은 단지가 있는 배경이다. 재건축 과정에선 아파트 조합원끼리도 싸우지만, 상가와 아파트는 거의 원수지간이 된다. 새 아파트 배정과 권리 산정 등을 두고 갈등이 생기기 때문이다. 아파트와 상가가 한 몸으로 묶여 있으면 사업을 따로 가기 위해 토지분할 소송을 진행하기도 한다. 필지를 나누는 것이다. 상가의 위치에 따라 배후 수요가 해당 단지뿐인 곳들은 이렇게 버림받는 순간 독자생존을 고민해야 한다. 상가를 운영한다고 해도 와서 소비할 사람들이 없기 때문이다. 버림받으면 장례식장을 유치하겠다며 겁박하는 경우도 있다. 그만큼 생존과 직결되는 문제다.

알도 알이 되고 싶었던 건 아니다

재개발이라고 사정이 다르진 않다. 사업의 유형이 동네 인프라를 갈아엎는 일이기 때문에 구역에 아파트가 포함되는 경우도 왕왕 있다. 그런데 어떤 아파트는 구역 한가운데에 자리하고 있는데도 사업에 합류하지 못하기도 한다. 장위4구역 한복판에 있었던 삼익아파트도 이 같은 경우다.

장위4구역 재개발이 시작되던 시점만 해도 삼익은 신축 단지였다. 이 단지를 구역에 포함하면 재개발 요건 중 하나인 노후도를 산정할 때 지장을 받을 수 있었다. 낡은 집이 많은 지역이어서 재개발

[도표 1-19] 서울 장위동 삼익아파트

* 장위4구역 재개발에 끼지 못해 장위자이레디언트 한복판에 남게 된 삼익아파트
자료: 〈한국경제신문〉 집코노미

이 필요하다는 결론이 나와야 하는데 신축 아파트가 끼면 자칫 일을 그르칠 수 있기 때문이다.

또 구역에 아파트가 포함되는 일이 재개발조합원들 입장에서 썩 반가운 일만은 아니기도 했다. 나중에 조합원들의 자산을 평가해서 분양 우선순위를 정하는데 이때 아파트가 유리하기 때문이다. 결국 삼익은 재개발구역에 포함되지 못했다. 장위동 온 동네에서 뉴타운 사업이 진행되는 동안 홀로 덩그러니 남게 됐다. 단지를 둘러싼 장위4구역이 모두 헐리고 수년의 공사를 거쳐 장위자이레디언트로 준공되는 동안 모든 소음과 먼지를 오롯이 견뎌야 했다.

순간의 선택이 미래를 결정하기도 한다. 지하철 5호선 서대문역 근처인 돈의문1구역 바로 옆 경희궁동아 얘기다. 돈의문1구역을 개

[도표 1-20] 서울 교남동 경희궁동아(왼쪽)와 경희궁자이(오른쪽)

발할 때도 구역에 아파트를 포함하고 함께 재개발을 하는 방향이 추진됐다. 하지만 경희궁동아 주민들이 통합에 반대했다. 사업이 한창이던 2006년만 해도 부동산 경기가 좋지 않았기 때문이다. 재개발이 제대로 완료될지조차 알 수 없었다. 이 단지를 남기고 재개발을 진행한 결과 돈의문1구역의 외곽은 'T'자 형태로 아파트가 배치됐다.

공사 과정에서 소음과 분진, 일조권 문제로 인한 갈등이 심했다는 게 현지 빼꼼이 중개업소의 전언이다. 보통 이 같은 경우엔 공사를 하는 쪽에서 배상하게 된다. 결국 외벽 도장과 엘리베이터 교체 등의 비용을 돈의문1구역 조합이 부담했다. 앞서 살펴본 장위동 삼익 또한 도장과 지하주차장 캐노피 설치 비용을 장위4구역 조합이 댔다.

운명은 얄궂다. 경희궁동아가 사업에서 이탈한 돈의문1구역은 수년 뒤 강북 최고가 아파트 신화를 썼다. 지금은 돈의문1구역을 이렇게 부른다. 경희궁자이. 이웃한 단지인 경희궁동아가 경희궁자이와 비슷하게 도색을 한 이유다. 사실 이 단지의 공부상 이름도 경희궁동아가 아니라 그냥 동아아파트다. 연예인처럼 본명과 활동명이 따로 있는 것이다. 뒤늦게 만회하려 노력했지만 순간의 선택은 미래를 바꿔놓았다.

집값을 올린다니 좋긴 좋지만…, 정말일까? 호재는 어디까지 믿어야 할까? 장밋빛 전망만 가득한 시나리오는 절대 말하지 않는다. 이 영화가 개봉조차 못 할 수 있다고.

교통 혁명은 언제 호재가 되나

부동산 시장에선 산을 깎고 땅을 다지는 대부분의 개발사업을 지역 호재로 분류한다. 작게는 아파트나 편의시설, 문화공간 개발부터 크게는 첨단 공장 등 대기업 관련 시설, 신도시 조성까지 포함된다. '방사광가속기'처럼 의미를 바로 알기 어려운 시설도 마찬가지다. '뭐라도 하겠지'라는 해석이 깔리면서 일단 호재로 받아들여지곤 한다.★

이 가운데서도 교통 분야는 혁명적이라는 수식어가 붙기도 한다. 특히 철도가 그렇다. 앞서 거론한 개발사업들과 달리 지역 주민 대

★ 2020년 5월 방사광가속기 구축사업 대상지로 충북 청주 오창읍이 선정되자 일대 아파트 가격이 이상급등했고, 결국 조정대상지역으로 지정되며 규제를 받았다.

부분이 수혜 대상이기 때문이다. 예를 들어 집 앞에 대기업이 입주한다고 해도 내 직장이 아닌 이상 집값이나 임대 수요를 올리는 재료에 그칠 뿐이다. 하지만 없던 길이나 교통수단이 새로 생긴다면 생활 편의가 직접적으로 개선된다.

사람도 로켓배송 해주는 GTX

철도망이 접근성을 획기적으로 개선한 대표적 사례는 이 책에서 계속 짚어볼 GTX와 파주 운정신도시다. GTX-A 노선의 로켓배송 덕에 운정은 '서울보다 서울이 가까운 신도시'가 됐다. 운정중앙역 주변 단지들은 역에서 가까운 순서에 따라 가격 서열을 만들어갔다. 역의 세력이 미치는 범위라는 역세권(驛勢圈)의 뜻 그대로다.

   GTX는 계획 단계에서부터 의심의 눈초리가 끊이지 않았다. 우선 서울과 그 외곽도시를 전철로 10분대에 연결한다는 개념이 생소했다. 게다가 지하 50~60미터나 되는 땅속에 철로를 깔고 역을 세운다니 '안전하긴 한 거야?' 소리가 절로 나왔다. 지구 맨틀 끝까지 파 내려간 듯한 지하철역을 경험해봤다면 '이것보다 더 깊다고?'라는 생각에 아득해질 수밖에 없다. 타러 가는 데만 10분, 나오는 데만 또 10분이라는 계산이 서기 때문이다. 의문을 제기하는 이들은 늘어만 가는데 착공부터 완공까지 차일피일 밀린 덕에 인터넷 소문으로만 존재하는 사이버 노선이기도 했다.

[도표 2-1] GTX 노선도

* 이미 개통했거나 공사 중인 A·B·C 노선은 1기 GTX로, 정부가 추가로 계획한 D·E·F 노선은 2기 GTX로 분류된다.
자료: 〈한국경제신문〉 집코노미

하지만 GTX는 A 노선 개통과 함께 현실에 존재하는 실체가 되면서 모든 우려와 논란을 일단락시켰다. 이용객이 늘면 늘수록 교통 혁명이라고 입을 모았다. 일단 빨랐다. 최고 시속 180킬로미터. 서울역~운정중앙과 수서~동탄 구간 모두 끝에서 끝까지 20분을 넘지 않는다. 서울로 출근할 때 이렇게 아끼는 시간을 고려하면 요금도 적당하다는 평가가 나왔다. 그런데 여기에 수도권 통합환승할인까지 적용됐다. 지하 50미터까지의 승하차 코스엔 호텔보다 많은 엘리베이터가 깔렸다. 지옥을 예상했지만 천국이 열린 것이다. 물론 사장님이 아닌 이상 출근 자체가 즐거운 일은 아니지만.

이 같은 혁명이 극적이었던 건 사실 A 노선이 두 차례에 나눠 개통됐기 때문이다. 2024년 3월 개통한 수서~동탄 구간이 GTX 역사의 출발점이다. 그런데 긍정적 반응은 거의 없었다. 우선 기존 SRT 노선과 경로가 거의 똑같았다. 평소 SRT를 이용하던 승객들에겐 조금 느려진 열차 시즌2였을 뿐이다. 또 종착역인 수서역이 서울 동남권에 치우친 탓에 허브로서의 기능도 약했다. 개통 첫 주말의 이용객은 예측했던 수요의 절반에도 못 미쳤다.

하지만 같은 해 12월 서울역~운정중앙 구간이 개통한 뒤엔 반응이 180도 달라졌다. 운정의 대중교통 대안이 많지 않았던 데다가 서울 도심에 바로 꽂는 노선이어서다. 일단 서울역까지 이동한 뒤 환승센터를 거치려는 사람들이 몰렸다. 당연히 이용객이 급증했고 호평이 쏟아졌다. 비록 구간을 나눠 개통했지만 같은 노선인데도 극과 극의 결과를 보인 것이다.

실패한 혁명이 남기는 것

이렇게 혁명은 모든 질서를 뒤집어놓는다. 물론 성공했을 때의 얘기다. 실패라도 하면 사회에 큰 후유증을 남긴다. 애초에 말이나 말지.

철도계획은 선거철을 식목일로 삼아 여기저기 씨앗이 심어진다. 계획이 폐기되거나 고사하는 것도 비슷한 시기다. 표심을 얻기 위해 공약을 남발한 탓이다. 철도 노선 건설을 내건 후보가 당선됐다고 해서 그 계획이 바로 실현될 수 있는 것도 아니다. 거쳐야 할 단계가 많다. 다이묘*처럼 지역을 오랫동안 주름잡지 않는 한 지자체장이든 지역구 국회의원이든 한두 차례의 임기로는 사업을 끝까지 보기도 힘들다.

굵직한 노선이라고 할 수 있는 광역전철을 건설하기 위해선 정부가 수립하는 국가철도망 구축계획에 반영시키는 게 우선이다. 이 계획은 5년 단위로 고시된다. 반영의 쿨타임도 5년이라는 의미다. 한 번 탈락하면 손가락만 빨아야 하는 기간이기도 하다. GTX-D·E·F 노선도 아직 국가철도망 구축계획에 반영되진 않은 상태다. 행복회

---

* 大名. 일본의 중세 시대에 지방을 다스리던 영주. 지역구 다선 국회의원들을 속되게 부르는 표현이기도 하다.

로 단계라는 것이다. 광역철도*와 달리 지역 안에서만 다니는 도시철도 역시 지자체가 수립하는 도시철도망 구축계획에 포함돼야 사업을 진행할 수 있다.

앞 문단을 읽으면서 제법 어려운 단어들이 등장하고 있다고 느꼈을 것이다. 단어가 어렵다는 건 그만큼 사업이 복잡하다는 의미다. 그래서 제대로 알고 있는 이들이 많지 않으니 이 점을 위안 삼아 마저 읽어보자.

어쨌든 국가철도망 계획에 반영돼 재정사업 목록에 오르면 예비타당성조사를 거친다. 재정사업이란 세금으로 비용을 대는 사업을 말한다. 우리의 주머니를 털어 철도를 깔아야 하기 때문에 돈 쓸 가치가 있는 일인지를 깊이 있게 검토하는 것이다. 결혼으로 치면 상견례 단계다. 정말 도장을 찍어도 되는지 다시 한번 꼼꼼히 따져보게 된다. 익히 들어봤을 B/C값(Benefit/Cost)이라는 용어가 여기서 등장한다. B/C값은 비용 대비 편익이라는 의미다. 100원을 투자해 100원만큼의 편익을 창출하는지를 계산한다. 통상 B/C값 1.0이나 종합평가(AHP) 0.5를 넘으면 예비타당성조사를 통과했다고 본다.

이 단계에서 떨어지는 사업도 꽤 많다. 한 번 탈락해서 재도전할 땐 편익값을 높이기 위해 노선을 이리저리 조정하게 된다. 살아남기

---

* 두 곳 이상의 광역지자체를 잇는 노선. 예컨대 서울 안에서만 운행하는 2호선은 도시철도지만 고양과 하남(예정)까지 연장되는 3호선의 시외 구간은 광역철도다.

위한 몸부림이다. GTX-B도 상상 속의 노선에 그칠 뻔했다. 2014년 진행된 예비타당성조사에서 경제성 부족으로 떨어졌기 때문이다. 3기 신도시인 왕숙신도시를 노선에 포함한 뒤 2019년 두 번째 예비타당성조사에서야 사업이 확정됐다. 이렇게 예비타당성조사에서 명운이 갈리는 경우가 많다 보니 정치 지형과 정무적 판단에 따라 조사 면제 사업이 선정되기도 한다.

재정사업이라는 한 가지 길만 있는 건 아니다. 민간투자사업 방식도 있다. 세금을 아끼기 위해 민간사업자를 끌어들인 뒤 일단 그들의 돈을 쓰는 것이다. 계약 형태에 따라 앞으로의 철도 운영수익을 민간사업자가 일정 부분 가져가거나 공공이 위험 부담을 공유한다. 물론 민간사업자들도 바보는 아니다. 돈이 나올 만한 곳만 반응을 보인다. 나라가 재정을 쓰기 아까워하는 만큼 기업들도 망할 사업엔 돈을 쓰지 않는다.

GTX는 재정사업과 민간투자사업이 혼합된 형태다. A 노선은 수서~동탄 구간이 재정사업, 나머지는 민간투자사업이다. B 노선은 용산~상봉 구간이 재정사업, 나머지가 민간투자사업이다. C 노선만 모든 구간이 민간투자사업이다. GTX의 아킬레스건도 여기 숨어 있다. 민간자본은 언제든 "나 안 해"를 선언할 수 있는데, 공사비 협상을 위한 시위인 경우가 많다. 물가가 오른 만큼 공사비를 올려주지 않으면 아예 삽도 뜨지 않겠다는 것이다. 착공식만 해놓고 실제 착공은 1년 넘게 미뤄지는 경우도 허다하다. 그런데도 정부가 빨리 공사를 시작하라고 타박할 수 없는 이유는 간단하다. 남의 돈으로 남이 하는 공사라서 그렇다.

이 분야 절망 편은 위례신도시와 강남을 잇는 위례신사선이다. 2기 신도시인 위례신도시의 광역교통 개선 대책으로 2008년부터 추진됐던 사업이다. 하지만 08학번 새내기들이 결혼해서 위례의 아파트에 입주할 때까지 삽은커녕 공사장 펜스도 치지 못했다. 그들의 아이가 대학에 갈 나이가 되면 통학용으로 탈 수 있을까.

우여곡절이 많았다. 사업을 최초 제안한 주체는 시공능력 1위로 평가받는 건설사인 삼성물산이다. 하지만 삼성은 노선 건설 결정을 차일피일 미루다가 2016년 철수했다. 계주가 떠나면 다른 계원이 계주가 될 수밖에 없다. 계가 깨지면 안 되니까. 2020년엔 GS건설 컨소시엄이 두 번째 사업자로 선정됐다. 하지만 결말은 같았다. 공사비 문제를 결론 내지 못하고 또 사업을 포기했다. 서울시는 부랴부랴 다시 입찰에 나서는 등 사업을 본궤도에 올려놓으려 했지만 아무도 나서지 않았다. 주겠다는 공사비가 건설사들의 눈높이에 맞지 않았기 때문이다. 자잿값과 인건비가 크게 오른 영향이다.

민간투자를 받지 못한 서울시는 결국 재정사업으로 전환하기로 했다. 재정사업이 되면 앞서 짚어본대로 예비타당성조사 절차부터 다시 거쳐야 한다. 문제는 위례에 입주한 주민들이 이미 한참 전에 노선 건설 비용을 지불한 상태라는 것이다. 08학번이 사회에 진출할 때부터 모았던 꼬깃꼬깃한 그 돈. 신도시 등 택지지구에서 아파

[도표 2-2] 위례신사선 노선도

* 민간사업자가 제안한 시점의 노선 계획으로, 현재와는 주변 여건이 다를 수 있다.
자료: 서울시

트를 분양할 땐 광역교통 개선 대책 분담금이라는 명목으로 집값에 일정 금액이 더해진다. 철도나 도로 등을 짓는 비용에 대한 품앗이 선불금인 셈이다. 돈을 미리 냈는데 그간 비용이 증가해 노선을 짓지 못한다고 선언하면 주민들 입장에선 황당할 수밖에 없다. 그렇다고 환불해줄 것도 아니니 말이다.

수단과 방법을 가리지 않고 늦어진다

공사비 등 사업성 문제로 지연되는 사례들이 많아서 일부 구간은 기존 선로를 활용하기도 한다. 선로 공유라는 개념이다. 기존에 깔려 있던 선로를 활용하면 새로 철도를 까는 시간과 비용을 크게 아낄 수 있다. GTX도 마찬가지다. A 노선은 수서~동탄 구간이 기존 SRT와 철로를 공유한다. 각 정차역에서 선로가 잠시 분리되거나 승하차 플랫폼을 따로 두는 형태다. B 노선은 상봉~마석 구간에서 기존 경춘선 선로를 활용한다. C 노선 또한 새로 짓는 구간은 정부과천청사~창동까지다. 전체 노선의 상당 구간이 기존 선로라는 얘기다. 돈을 덜 쓰게 되는 만큼 교통 음영을 해소하는 효과는 떨어진다. 원래 철도교통이 없던 곳에 새롭게 노선을 설치하는 게 아니라 이미 철도를 이용하던 곳의 열차를 바꿔주는 사업이 되기 때문이다.

이렇게까지 머리를 써도 사업은 계속 지연된다. 철도가 주변에 깔릴 기미만 보여도 해당 노선이 지나는 지자체 등에서 정차역 신설 요구가 빗발친다. 주민들의 호소를 들은 지자체장이나 지역구 국회의원들이 가만히 있지 않는다. 민간투자사업에선 사업자들이 수익성 확보를 위해 정차역을 계속 추가하기도 한다. 역이 늘어날수록 직접 수혜를 보는 이들이 많아지지만 그만큼 시간도 불어난다.

다른 개발사업과의 연계 문제로 미완성 사업이 되기도 한다. 다시 종합선물세트 GTX의 사례를 보자. A 노선은 아직 한강을 기준으로 남북 구간이 단절돼 있다고 짚어봤다. 그런데 두 구간이 연결된 이후에도 당분간 완전개통을 할 수 없다. 핵심 환승역인 삼성역을 2028년까지 무정차로 통과해야 한다. 삼성역과 연계되는 영동대로 복합 개발 관련 설계가 계속 바뀌면서 완공이 밀린 영향이다.

그나마 이 정도면 이해와 상상의 범주 안에 있는 변수다. 건설 현장에선 사고가 비일비재한데 오히려 대규모 토목사업일수록 큰 사고는 일어나지 않으리라는 믿음이 있다. 삼풍백화점이나 성수대교 붕괴 사고를 겪으면서 피로 쓴 교훈 때문이다. '이제 한국이 후진국도 아니고 이런 대규모 공사에서 붕괴 사고가 나겠어?'라는 것이다. 안타깝게도 안전은 아직 후진국이다.

수도권 서남권 도시와 서울 여의도를 잇는 신안산선은 광명역 인근 구간에서 붕괴 사고가 발생하면서 공사가 중단됐다. 안 그래도 야금야금 밀리던 개통 일자는 더욱 멀어졌다. 지하에서 일어나는 사고는 수습부터 재시공까지의 문제가 만만치 않다. 그래서 정확한 개통 시점을 가늠하기도 어려운 지경이다. 부산과 경남 창원을 잇는

[도표 2-3] 환풍구 공사 도중 붕괴 사고가 발생한 경기 광명 신안산선 5-2공구

자료: 〈한국경제신문〉 집코노미

부전마산복선전철은 개통 일정이 6년이나 밀리기도 했다. 처음엔 2014년 착공해 2020년 개통하는 게 목표였다. 하지만 낙동강 아래를 파내려 가 창원과 부산을 잇는 하저터널 공사 도중 지반침하와 터널 붕괴 사고가 일어났다. 그 일로 6년이라는 시간이 홀랑 날아가 버렸다.

철도 호재는 마치 금방이라도 실현될 것처럼 과장 광고가 이뤄지는 편이다. 아파트 분양광고에선 '예정'과 '계획' 천지다. 사업이 정확히 어느 단계까지 왔는지는 숨기고 청사진만 제시한다. 특히 지역 커뮤니티의 핌피*가 이를 부추긴다. 하지만 실현 가능 여부는 냉

★ PIMFY(Please In My Front Yard). 이익이 되는 시설을 자신의 지역으로 끌어오려고 하는 지역이기주의 현상.

정하게 따져봐야 한다. 계획과 타당성도, 삽을 떴느냐도 아니다. 이제 곧 개통하는지를 봐야 한다. 지금까지 살펴본 대로 제때 삽을 뜬 사업조차 완료 시기를 못 박기 어렵기 때문이다. <mark>앞으로 수혜를 입게 될 지역의 가격이 오르기 전에 선점하겠다는 건 장외주식을 사서 주식 시장 상장을 기다리는 것과 같다. 대박을 칠 수도 있지만 기약 없는 기다림이 될 수도 있다. 자칫하면 공사로 인한 정체 등 불편만 수년 동안 감당하다가 개통 전에 지쳐 떠나는 새드 엔딩이 될 수도 있다.</mark>

철도 지하화가 가져올 변화들

지하철이라는 교통수단엔 거짓말이 숨어 있다. 사실 지하로 다니지 않는 구간도 많기 때문이다. 단어 그대로 지하로만 다니게 할 수는 없을까? 어쩌다가 지상으로 다니는 철도까지 지하철이라고 부르게 됐을까?

이유는 여러 가지다. 원래는 정말 지하로만 다녔다. 초기의 서울 지하철 노선이 그렇다. 그러나 도심을 오가던 도시철도가 외곽까지 광역화되는 과정에서 열차가 지상으로 나오게 됐다. 모두 땅에 묻자니 비용 문제도 있었고 아쉬운 대로 고가를 만들어 선로를 깔 공간도 충분했다.

지하철을 수도권 여러 지역으로 확장하는 과정에서 여객열차와 선로를 공유한 것도 주요한 요인이다. 과거엔 국철(국유철도)이라고 부르던 구간을 떠올리면 이해하기 쉽다. 지금은 지하철 1호선이라고 묶어 부르는 노선을 예전엔 1호선과 국철로 구분했다. 서울교통공사가 운영하는 구간은 1호선, 코레일이 운영하는 구간은 국철로 부른 것이다. 무궁화호 같은 여객열차의 선로를 함께 쓰게 된 덕분에 서울 지하철 1호선은 동서남북 끝도 없이 다닐 수 있었고 결국 수도권 전철 1호선이라는 더 넓은 범위의 이름이 생겼다.

그런데 도시가 커지고 현대화되자 과거에 쉽게 쉽게 깔아놓았던 철도 노선들이 애물단지가 됐다. 지역의 단절을 부르고 철도 주변의 슬럼화를 유발한다는 문제 제기에 직면한 것이다. 열차 운행의 역사가 오래된 곳일수록 이 같은 문제가 더욱 두드러졌다. 철도 지하화 논의는 이렇게 시작됐다.

경의중앙선과 연트럴파크

지상철로와 역을 땅에 묻는다면 어떤 일이 일어날까? 우선 돈이 많이 든다. 그것도 엄청 많이. 대신 앞에서 언급한 대로 지역의 단절을 해결할 수 있다. 보행자든 자동차든 철길 건널목이나 굴다리를 찾아 우회하지 않더라도 선로를 가로질러 편하게 오갈 수 있다. 철도로 단절됐던 시가지도 자연스럽게 확장된다. 방음벽이나 고가도로 탓에 그늘졌던 분위기도 밝아진다. 탈선의 장소가 되거나 부랑자들의 집결지가 되기도 하는 곳들이 없어지는 것만으로도 지역의 색이 달

[도표 2-4] 경의중앙선을 지하화하고 상부에 공원을 조성한 경의선숲길

자료: 〈한국경제신문〉 집코노미

라질 수 있다.

공간의 구조만 바뀌어도 누구나 찾고 싶은 장소가 되기도 한다. 경의중앙선 선로를 지하화하고 그 모양 그대로 공원을 조성한 서울 경의선숲길이 대표적이다. 남가좌동부터 연남동과 동교동을 거쳐 원효로1동까지 이어지는 6.3킬로미터의 길은 서울에서 가장 독특하고 긴 선형 공원이 됐다. 도심에 부족했던 녹지가 확보된 수준을 넘어 낭만까지 공급되면서 연인이라면 꼭 걸어야 할 길로 자리 잡기도 했다. 과거엔 기찻길 옆 오두막 같았던 집들이 예쁜 카페나 음식점으로 하나둘 개조됐기 때문이다. 홍대입구역 서측 연남동은 경의선숲길 조성을 기점으로 지역 전체가 서울에서 가장 활기 있는 상권으로 변모했다. 아예 연남동 구간 공원을 미국 뉴욕 센트럴파크를

[도표 2-5] 경의선숲길 조성 전후의 서울 연남동 풍경

* 2010년 10월과 2024년 6월 모습이다.
자료: 네이버 거리뷰

본떠 '연트럴파크'라고 부를 정도다.

가장 큰 효과는 도심에 새로운 땅, 개발 가능한 자리가 생긴다는 점이다. 재개발이나 재건축을 위해 복잡한 이해관계의 실타래를 풀지 않고도, 먼 교외의 빈 땅을 개발하지 않고도 상업시설이나 주택을 공급할 수 있다는 얘기다. 무엇보다 이미 깔려 있는 철도망을 중심으로 인프라를 한데 모을 수 있다는 게 장점이다. 그렇지 않았다면 이곳저곳에 교통망과 기반시설을 새롭게 까는 비용이 추가될 수밖에 없다.

문제는 돈이다. 장래에 들 비용을 아낄 수 있다지만 이를 실현하기 위해선 미리 돈을 써야 한다. 말이 지하화여서 그렇지 공정으로 따져보면 지하철 노선을 하나 새로 뚫는 것과 별반 차이가 없다. 일반적으로 지하철을 놓는 데는 킬로미터당 1,200억~1,300억 원가량이 드는 것으로 알려졌다. 서울시가 2022년 용역을 진행한 보고서

에 따르면 경부선 서울역~신도림역의 지상 구간을 모두 지하화하는 데만 12조 원가량의 비용이 든다는 계산이 나왔다. 조사 시점과의 시차를 고려하면 실제로는 더 많은 비용이 들 수밖에 없다. 이 글을 쓰고 있는 동안에도 계속 오르고 있을 것이다.

'따서 갚으면 되지'

나라 곳간에 돈을 채우는 방법은 세금을 거두는 것밖에 없다. 없었던 노선을 만드는 것도 아니고 기존 노선을 개량하기 위해 수십조 원의 재정을 쏟아붓는 건 정부로서도 부담이다. 그래서 법*을 만들고 묘안을 냈다. '따서 갚으면 된다'고 말이다.

따서 갚는 방식은 이렇다. 우선 나라가 가진 철도 부지를 현물로 출자해 지하화 사업을 추진할 회사를 세운다. 이 회사는 땅을 근거로 채권을 발행하고, 채권을 통해 조달한 돈으로 선로를 지하에 묻는다. 이렇게 확보된 지상부의 땅을 민간 기업 등에 매각하고 이 돈으로 채권을 갚는다. 쉽게 표현하자면 ① 철도 부지를 내놓아 돈을 빌리고 → ② 그 돈으로 선로를 지하에 묻고 → ③ 이렇게 확보한 땅을 팔아 빚을 갚는 구조다. 지하화 공사부터 재원 조달, 부채 상환까지 하나의 순환 구조로 연결되는 방식이다.

★   철도지하화 및 철도부지 통합개발에 관한 특별법.

[도표 2-6] 미국 뉴욕 맨해튼 웨스트사이드 차량기지를 개발한 허드슨 야드

* 허드슨 야드의 상징인 베슬 아래로 차량기지가 보인다.
자료: 언스플래시

　사업을 진행하기 위해 만든 특별법에선 지하화의 정의도 넓혔다. 우리가 땅 위로 다니는 열차도 지하철이라고 부르는 것처럼 선로에 지붕을 씌우는 것도 지하화사업으로 규정한 것이다. 미국 뉴욕 맨해튼의 차량기지에 데크를 씌우고 상부를 고밀도로 복합 개발한 허드슨 야드 방식이다.

　시범사업 격인 1차 사업지로는 부산의 경부선 부산진역~부산역

[도표 2-7] '한국의 허드슨 야드' 서울 신정차량기지

* 차량기지 위에 데크를 씌우고 상부에 임대단지인 양천아파트를 조성했다. 풍경은 다르지만 개발 원리는 허드슨 야드와 같다.

구간과 대전의 대전조차장역, 경기 안산의 안산선* 초지역~중앙역 구간이 선정됐다. 상징성 측면에서 서울역~용산역 구간이 선정될 것이라는 관측이 많았지만 빗나갔다. 지하화 공사의 난이도나 비용 등을 고려할 때 현실적인 선택이었을 것이란 전문가들의 분석이다.

안산선의 초지역~중앙역 구간을 살펴보면 왜 이곳이 서울역~용산역 구간을 제치고 수도권에서 가장 먼저 철도 지하화 사업지로 선정됐는지 알 수 있다. 우선 고가화된 선로가 일직선이다. 그리고 주차장과 공원 등으로 쓰이는 완충녹지가 선로를 따라 뻗어 있다.

---

* 수도권 전철 4호선의 금정역~오이도역 구간.

[도표 2-8] 철도 지하화가 예정된 안산선

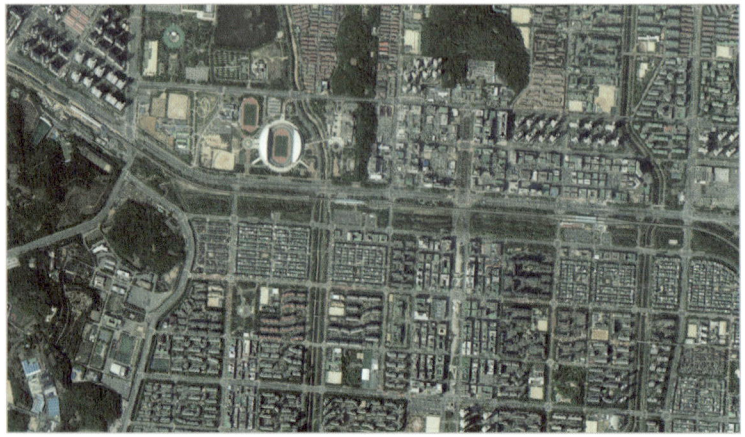

* 안산선 초지역~중앙역 구간이 위성사진 가운데 좌우로 넓게 이어져 있다. 주변이 모두 녹지다.
자료: 네이버지도

지하화할 때 도로를 최대한 덜 막고 공사할 수 있는 구조다. 주변 시가지와 어느 정도 떨어져 있어서 소음이나 분진으로 인한 민원도 방지할 수 있다. 그러면서도 상업시설이나 주택용지로 개발할 수 있을 만큼 상부 공간이 넉넉하다. 경의선숲길의 경우엔 공간이 이만큼 넉넉하진 않아 대부분 공원으로 활용됐다.

숙원 사업을 관철한 안산시와 안산 시민사회는 고무됐다. 1차 사업지가 발표된 2025년 봄, 안산 시내 곳곳에서 철도 지하화 1차 사업지 선정을 환영하는 플래카드를 어렵지 않게 볼 수 있었다. 아파트 입주 예정자 협의회부터 해병대 전우회까지 주체도 다양하다. 그만큼 지역의 큰 경사로 받아들이는 것이다. 안산선 선로가 지하화되면 안산 시가지 남북의 단절이 해소될 뿐더러 지역의 중심에 대규

[도표 2-9] 철도 지하화가 예정된 경기 안산 중앙역 플랫폼의 모습

자료: 〈한국경제신문〉 집코노미

모 개발이 가능해진다는 기대에서다.

개발의 딜레마

하지만 공사가 쉽다고 반드시 사업성이 담보되는 건 아니다. '따서 갚으면 되는' 정부의 입장*으로 돌아가 보자. 채권을 발행해 일단 선로를 땅에 묻었는데 그렇게 만든 땅을 살 사람이 없다면? 상업시설이나 아파트를 짓겠다는 기업이 나타나지 않으면 '따서 갚는' 무적의 논리 사슬 자체가 끊어지고 만다.

★ 정확히는 국가철도공단 등 공공에서 현물출자해 만든 회사의 입장.

안산은 반월·시화산업단지 중심의 전통적 제조업 도시다. 인구 60만 명이 넘는 큰 도시이면서도 수도권에서 드물게 인구가 계속 감소하는 지역이기도 하다. 철도를 지하화한 땅에 대규모 업무시설이나 상업시설을 짓기 위해선 산업 구조를 전환하고 도시를 성장 궤도에 올리는 일이 선행돼야 하는 셈이다. 자칫하다간 업무·상업 시설 용지들이 오피스텔과 지식산업센터로 도배될 수 있다. 신도시에선 꽤 흔한 일이다. 팔리지 않는 용지를 매각하기 위해 용도를 변경해주기도 하는데, 이를 사들인 업체들이 당장 분양하기 좋은 건물만 지어서 되팔기 때문이다.

지역 인구가 감소하는 상황에서 주택 공급에 대한 부담이 가중될 수도 있다. 안산시의 기본구상엔 철도 지하화 부지에 신규 주택을 공급하는 방안도 포함돼 있다. 그런데 안산에선 2024년 연말 기준 49곳의 아파트 단지가 재건축사업을 진행하고 있다. 이 가운데 32곳이 예정구역이다. 사람으로 치면 걸음마 단계라는 의미다. 이제 막 재건축을 하니 마니 하는 와중에 더 좋은 자리에 양질의 아파트가 공급된다면 사업 추진 동력이 떨어질 수밖에 없다. 게다가 도심 북측에 1만 3,000가구 규모의 장상지구가 조성 중이고, 동측으로는 3기 신도시인 의왕군포안산신도시 4만 1,000가구 공급이 예정돼 있다. 적지 않은 물량이다.

지금껏 본 적 없는 대형 호재라고 해서 모두에게 반가운 소식이 되리란 법은 없다. 재건축을 기다리는 주민들에겐 사업을 지연시키는 요인이 될 수 있고, 상가를 운영하는 이들에겐 손님을 빼앗기는 일이 될 수 있다. 대규모 개발사업은 엄청난 변화를 가져오지만 그 체급만큼 여러 층위에 영향을 미치고 고민을 남긴다. 산업의 구조와 인구, 주택의 수급까지 종합적인 여건을 따져봐야 하는 일이다. 특히 철도 지하화처럼 굵직한 개발은 그 수요자가 존재한다는 전제가 충족돼야 해당 지역의 진짜 기회가 될 수 있다. 한 가지 다행인 건 그 변화가 결코 일시에 이뤄지는 게 아니라는 점이다.

"삼성만 믿는다"

역세권이 '지하철역과 가까운 아파트'라는 의미이고 공세권이 '공원과 가까운 단지'라는 뜻이라면, 삼세권은 뭘까? '삼성과 가까운 아파트'가 바로 머릿속에 떠올랐다면 부동산 기사깨나 읽은 식자층이다. 여기서 말하는 삼성이란 그룹사 어디든, 사무실이든 공장이든 관계없다. 어쨌든 삼성과 가까우면 삼세권으로 대접받는다.

한땐 기사 제목에 '삼성 따라 투자하라' 같은 표현도 심심찮게 등장했다. 부동산 시장에서 반응하는 가장 강력한 호재가 기업이기 때문이다. 기업이 투자한다는 걸 반대로 말하면 어느 지역에서 그 기업을 유치했다는 것이다. 이는 곧 지역의 발전을 의미한다. 더 나가서 내 집을 사거나 세로 들어올 수요가 늘어난다는 뜻이기도 하다. 게다가 그 기업이 삼성그룹이라면? 기본 투자 금액이 조 단위인 만큼 투자자들의 눈이 번뜩 뜨일 수밖에 없다.

  하지만 이 같은 청사진은 기업의 경영 환경을 전혀 고려하지 않은 행복 시나리오다. 또 반대로 말하면, 기업의 부침이나 위기가 우리에게도 그대로 옮겨올 수 있다는 의미다. 딴 세상 얘기 같지만 얼마 전 모두가 봤던 일이다. 위기를 모를 것 같았던 삼성에서 말이다.

삼성의 도시

삼성과 부동산이 가장 밀접하게 엮여 있는 도시는 경기 평택이다. 삼성전자는 이곳에 세계 최대 규모의 반도체 공장을 짓고 있다. 주변 용인과 화성으로 이어지는 이른바 반도체벨트의 중심이 바로 평택에 있는 고덕신도시(고덕국제화계획지구)다. 고덕은 남측으로 커다란 산업용지를 품고 있는 구조인데 그 전체가 모두 삼성전자 반도체 공장이다. 축구장 400개 크기, 면적은 298만 제곱미터다. 일반적으로 택지지구의 면적이 330만 제곱미터(옛 100만평)를 넘으면 신도시로 분류한다. 공장의 규모가 웬만한 신도시 크기인 셈이다. 자동차를 몰고 공장을 관통하려 해도 한참을 가야 할 정도다.

  규모에서 느껴지듯 삼성전자는 평택 사업장*에 미래를 걸었다. 반도체 전쟁의 최전선으로 삼고 2015년부터 180조 원을 들여 신규

---

  * '평택 캠퍼스'라고도 불린다.

[도표 2-10] 경기 평택 고덕신도시 토지이용계획도

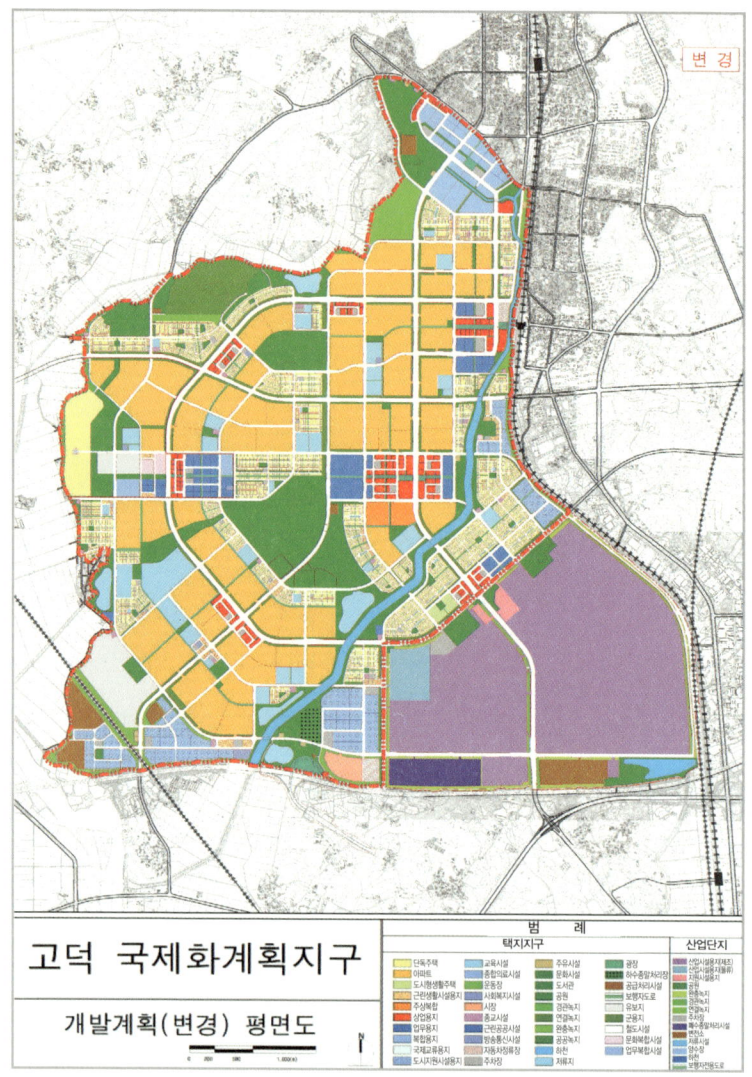

* 고덕신도시 오른쪽 아래 산업단지 부지가 삼성전자 반도체 공장이다.
자료: 경기도시공사(GH)

[도표 2-11] 세계 최대 규모 반도체 공장인 삼성전자 평택 사업장

자료: 〈한국경제신문〉

라인 6개(P1~P6)를 짓는 공사를 시작했다. 도시는 크레인으로 가득 찼고 빌딩 크기의 공장 건물이 속속 올라갔다.

평택 사업장은 전국의 난다 긴다 하는 건설 노동자가 모두 모이는 현장이기도 했다. 다른 현장보다 보수가 두둑한 데다 당장의 일감도 많고, 공사 또한 오래 계획돼 있어서다. 고용 안정성이 취약한 건설 노동자들에게 비교적 안정적이고 장기적인 소득을 제공하는 곳이라는 의미다.

반도체 생산 라인은 2017년 P1부터 돌아가기 시작했다. 이후 2021년 P2, 2022년 P3가 연달아 가동됐다. 이 와중에도 후속 라인 공사는 계속 이어졌다. 집계에 따라 다르지만 현지에선 최대 10만여 명의 공사 인력이 고덕신도시 주변에 머물렀던 것으로 보고 있다. 도시에 원래 계획된 정주 인구보다 많은 주거 수요와 소비 수요

가 일시에 몰린 것이다. 함바집*들은 특수를 놓치지 않기 위해 셔틀버스까지 운행하면서 손님 모시기 경쟁을 벌였다.

빌라나 원룸 등 세를 놓을 수 있는 집을 갖고 있는 임대인들도 특수를 누렸다. 반도체 라인에 들어가는 삼성전자 직원들에다 공사 인력까지 방을 찾는 수요가 넘쳤다. 임대료는 서울 웬만한 업무지구 못지않게 치솟았다. 현지 중개업소에 따르면 원룸형 오피스텔의 월세가 100만 원, 투룸은 150만 원 안팎까지 올랐다.

하지만 이 같은 호황의 이면엔 불편한 진실이 있었다. 삼성전자가 허허벌판 평택 사업장에 직원들을 배치하면서 일종의 당근으로 월세를 지원했는데, 집주인들이 그만큼 월세를 올려받은 것이다. 예를 들어 월세 지원액이 70만 원이라면 원래 80만 원이던 투룸 월세

[도표 2-12] 경기 평택 고덕신도시 길거리에 걸린 플래카드

★ 건설 현장 주변에서 건설 근로자들을 대상으로 운영되는 식당의 속칭. 최근엔 한식뷔페 형태로 운영된다.

가 150만 원짜리로 둔갑하는 식이다. 삼성전자 직원들 입장에선 월세를 전혀 지원받지 못한 것이나 마찬가지인 셈이다. 건설 근로자들 역시 그만큼의 월세를 더 내고 살아야 했다. 이들이 더 싼 월세를 찾아 외곽으로 움직이자 서정리와 송탄 등 주변 지역 임대료까지 덩달아 들썩였다.

삼성전자의 반성문

위기는 예상치 못한 곳에서 다가오고 있었다. 부동산 시장에서 말하는 위기란 보통 주택 공급이 일시적으로 물리는 수급 불일치 시점이나 경제·금융 환경이 급변하는 시기를 가리킨다. 하지만 평택에선 기업의 위기라는 이름으로 다가왔다. 아무도 생각해보지 못했을 삼성전자의 위기라는 낯선 모습으로.

   2024년 10월 삼성전자는 시장 전망을 한참 밑도는 3분기 실적을 발표했다. 반도체 부문이 예상에 미치지 못한 결과다. 고대역폭 메모리(HBM)는 SK하이닉스에 기술 우위를 내줬고 범용 D램은 중국에 쫓겼다. 파운드리* 시장에선 대만 TSMC와의 격차가 계속 커졌다. 전방위로 번지는 위기설에 전영현 부회장 명의의 사과문까지 나왔다.

---

*   foundry. 반도체 설계 회사로부터 위탁받아 생산하는 업체.

[도표 2-13] 2024년 10월 9일 자 〈한국경제신문〉

* 삼성전자의 분기 실적이 예상치를 밑돌았다는 소식을 전하면서 '반성문'이라는 표현을 썼다.
자료: 〈한국경제신문〉

이 무렵 평택의 분위기도 차갑게 식었다. 터다지기에 들어갔던 P5의 공사가 중단된 것이다. 계획으로만 잡혀 있던 P6의 착공 시점은 더욱 멀어졌다. 삼성전자가 평택 사업장에 짓기로 했던 반도체라인은 원래 6개였으니 이제 뭐가 남았을까? 이미 가동 중인 P1~P3를 제외하면 건설이 진행 중인 공장은 P4가 유일했다.

평택에선 돌아가는 공장보다 짓는 공장의 숫자가 중요했다. 건설 근로자들의 규모를 결정하기 때문이다. 여러 공장이 동시다발적으로 지어지던 시절 10만 명에 육박했다던 공사 인력은 2만~3만 명 수준으로 확 쪼그라들었다. 건설 근로자들의 헬멧에 붙은 이름표로 형형색색 물들던 공장 앞 횡단보도 또한 한적해졌다.

부동산 시장도 직격탄을 맞았다. 한껏 올랐던 임대료부터 반토막이 났다. 그런데 가격이 떨어져도 신축 오피스텔에선 세입자가 귀했다. 집이 귀하던 시절과는 정반대의 상황이 된 것이다. 가로변 상가는 거대한 임대 광고판으로 전락했고 큰 유리창은 공실을 더욱 도드라지게 했다. 삼성전자만을 바라보고 당장의 수요보다 많이, 그리

[도표 2-14] 경기 평택 고덕신도시의 상업지역 저층부 상가가 텅 비어 있는 모습

자료: 〈한국경제신문〉 집코노미

고 일시에 공급된 결과다.

평택 부동산 시장의 상황이 안 좋다거나 전망이 어둡다는 이야기를 하려는 게 아니다. 모든 신도시의 수익형 부동산* 상품은 입주 초기 단계에 공실 사태를 앓는다. 적정 수요가 자리 잡기까지 겪어야 하는 신도시의 홍역이다. 고덕신도시와 주변 지역은 건설 근로자 등으로 가불해 끌어왔던 수요가 한꺼번에 증발하면서 홍역을 심하게 앓았을 뿐이다.

중요한 건 잘나가는 기업이라고 해서 장밋빛 미래를 보장하진 않는다는 점이다. 사업의 지형은 바다처럼 급변하고 예측하기 힘들다. 부동산은 호흡이 긴 자산이기 때문에 시시때때로 덮쳐오는 파도에

---

* 오피스텔이나 상가 등 주로 임차인을 들여 월 임대수익을 올리는 방식의 부동산.

유연하게 대처하기 어렵다. 시간이 지나면 삼성전자의 위기는 지나가고 경쟁력이 회복될 것이다. 평택 부동산 시장의 부침도 수급이 맞춰지며 자연스레 해결될 것이다. 견디고 지나보면 모든 게 아무 일도 아니다. 하지만 대부분의 실패는 그 시기를 견디지 못해서 찾아온다.

> **땅의 속성을 알아야
> 미래를 내다볼 수 있다**

다음 아파트 단지들의 공통점은 무엇일까? DMC○○더포레리버뷰, DMC한강○○○○, DMC○○○○한강, DMC○○더리버. 한강 조망권을 강조한다는 것이다. 그렇다면 이들 단지에선 한강이 보일까? 원래는 그랬다. 지금은 보이지 않는 곳이 더 많을 뿐.

땅의 속성

거듭 경기 고양 덕은지구를 언급하게 돼 지역 주민들에게 대단히 죄송스럽다. 하지만 한곳을 두고 다양한 사례를 소개할 수 있다는 건 그만큼 인기와 관심이 높은 곳이란 의미다. 앞서 언급한 단지들은 분양할 때부터 서울 새 아파트 뺨치는 가격이 책정됐고, 그래서

[도표 2-15] 크게 살펴보는 경기 고양 덕은지구

* 덕은지구 아파트 단지들과 한강 사이에 공사 중인 건물들이 보인다.
자료: 네이버지도

말도 많았다. 분양 당시 마케팅 포인트는 두 가지였다. 엎어지면 코 닿을 거리인 서울 접근성, 그리고 때론 사치재로 간주되는 한강 조망권. 그런데 한강 조망권은 그리 오래가지 않았다. 아파트가 입주한 지 얼마 지나지 않아 한강변에 더 높은 건물들이 들어서기 시작해서다.

어찌 된 영문일까. 답은 도시계획에 있다. 땅이 만들어질 때 고유한 속성이 주어진다. 기억에서 사라졌겠지만 앞 장에서 살짝 짚어본 내용이다. 신도시 같은 택지지구들 또한 도시의 모양을 그릴 때부터 땅의 성격이 정해진다. 규칙은 도심 지적도에서 본 것과 똑같다. 노랑 계열은 주택용지, 빨강 계열은 상업용지, 파랑 계열은 업무용지*다.

[도표 2-16] 경기 고양 덕은지구 토지이용계획도

실측평면도(개발 계획 평면도)
- 공동주택
- 단독주택
- 준주거용지
- 근린생활시설
- 주상복합
- 상업용지
- 업무용지
- 주차장
- 주유소
- 종교시설
- 공원
- 녹지
- 광장
- 공공공지
- 학교
- 오수펌프장
- 유수지
- 보행자전용도로
- 도로
- 구역계

자료: 한국토지주택공사(LH)

    여기서 다시 색의 농도에 따라 더 세부적으로 용도를 구분한다. 주택용지는 짙은 주황색의 공동주택(아파트)과 상아색의 단독주택으로, 상업용지는 짙은 빨간색의 일반상업지역과 분홍색의 주상복합용지로 나뉘는 식이다. 덕은지구의 토지이용계획도를 보면 주황색 아파트용지 앞에 한강변을 따라 파란색 업무용지가 깔려 있다. ==업무용지가 개발되는 순간 '리버'니 '한강'이니 하는 아파트 단지들의 조망권이 꽉 막히리라는 건 처음부터 정해진 운명이었던 것이다.==

    개발업자들은 이 탐스러운 땅을 놓치지 않는다. '한강을 집에서 볼 수 없다면 일하면서라도 보면 될 것 아닌가'라고 생각이라도 한 것처럼 한강변을 지식산업센터로 채웠다. 정말 한강을 바라보며 일

★   지적도에선 공업용지를 뜻하고, 택지지구의 토지이용계획도에선 농도에 따라 업무용지와 도시지원시설용지로 구분하기도 한다. 큰 틀에서의 성격은 다르지 않다.

하고 싶은 직장인이 많아서일까?

업무용지는 기업을 유치하기 위한 자리지만 그 땅을 사들여 건물을 짓고 둥지를 이전할 수 있는 회사는 그리 많지 않다. 그래서 보통은 시행사*들이 업무용지를 매입한 뒤 그 자리에 지식산업센터를 지어 판다. 예를 들자면 한경빌딩은 주인인 한국경제신문사가 입주한 뒤 남는 공간을 다른 회사에 임대로 주는 일반적인 오피스 빌딩이다. 반대로 지식산업센터는 지을 때부터 일반에 분양하는 사무실의 개념이다. 들어올 기업이 있기 때문에 건물을 짓는 게 아니라 판매할 공간을 만들기 위해 일단 건물을 짓고 보는 것이다.

분양수익이 쏠쏠한 탓에 파랑 계열 땅은 도심과 택지지구를 가리지 않고 지식산업센터로 도배되는 편이다. 덕은지구도 한강변 업무용지엔 지식산업센터가 꽉꽉 들어찼다. 뒤편 아파트에서 한강이 조금도 보이지 않게 하려는 듯 야무지게 공간을 채웠다는 느낌이 들 정도다.

왜 이 같은 도시 구조가 됐을까? 주거지가 한강변으로 배치돼야 좋은 도시 구조라는 논리는 아니다. 물론 그랬다면 지역 주민들의 만족도가 조금 더 높을 수 있겠지만. 덕은지구의 위성사진과 토지이

---

* 사업의 주체이자 땅의 주인인 회사. 부동산 개발 업체를 뜻하는 '디벨로퍼(developer)'라고 부르기도 한다. 뭔가를 짓고 파는 일에서 건설사가 모든 걸 하는 것 같지만 사실 시행과 시공이 분리돼 있다. 시행사가 발주를 하면 건설사가 도급받아 공사하는 식이다. 재개발·재건축의 경우엔 땅 주인인 조합이 시행'자가 된다. 그 밖에 건설사가 직접 땅을 사들여 시행과 시공을 동시에 하는 사업도 존재한다.

[도표 2-17] 덕은한강육교에서 바라본 경기 고양 덕은지구

* 덕은지구엔 강변북로를 따라 비슷한 규모의 지식산업센터가 늘어섰다.
자료: 〈한국경제신문〉 집코노미

용계획도를 다시 꼼꼼히 살펴보면 도시계획가들의 고민이 묻어 있다. 위는 산으로, 아래는 도로와 강으로 막힌 지형이다. 중심에 도로를 내고 아파트 단지들이 옹기종기 모일 수 있는 자리를 만들려다 보니 주거지가 한강과 떨어진 산 쪽으로 배치됐다. 자연스럽게 나머지 공간인 한강변이 상업용지와 업무용지로 채워졌다. 사실은 자유로와 강변북로를 달리는 차량의 소음을 막는 완충지대이기도 하다. 다만 높이에 변화가 없어서 한강변을 병풍처럼 꽉 막고 말았을 뿐. 한강 실종 사건의 최종 승자는 덕은지구 남측의 분홍색 땅에 들어선 주상복합 아파트다. 조망을 가로막는 건물이 아무것도 없는 유일한 단지다.

강호의 도리

아파트 주변에 상업시설이나 업무시설이 지어지는 일만 조망권의 복병은 아니다. 반대의 경우도 있다. 주변 아파트가 재건축되면서 우리 집의 조망권을 막는다면? 앞으로 현실이 될 수 있는 서울 여의도동 브라이튼여의도의 사례다.

브라이튼여의도는 옛 MBC 부지를 아파트와 오피스텔, 업무시설과 상업시설 등으로 복합 개발한 단지다. 여의도에 오랜만에 공급된 새 아파트인 데다 파크원과 IFC 등이 주변에 있는 중심가 자리여서 인기가 높다. 이 아파트가 내세우는 강점도 여의도 한복판이라는 입지와 입체적인 한강 조망이다. 일부 라인에선 한강을 3면으로 내려다볼 수 있다.

문제는 브라이튼여의도 주변이 모두 재건축을 추진하고 있는 단지들이라는 점이다. 그것도 열심히, 심지어 초고층으로. 공작부터 목화, 삼부, 대교 등 주변 단지들이 재건축을 마칠 때마다 브라이튼여의도가 자랑하던 3면 조망이 하나씩 막히는 셈이다.

물론 아파트 사이에 상도덕은 있다. 서로의 일조권이 침해되지 않도록 보장해준다. 우리 집이 지어지면서 남의 집에 해가 드는 걸 막지 않게 하는 것이다. 이촌동 동부센트레빌이 아파트 한가운데에 구멍을 뻥 뚫어둔 이유이기도 하다.

그런데 강호의 도리는 주거지역 사이에서만 존재한다. 브라이튼

[도표 2-18] 서울 여의도 옛 MBC 부지를 개발한 주상복합 단지 브라이튼여의도

자료: 〈한국경제신문〉 집코노미

[도표 2-19] 브라이튼여의도에서 한강을 내려다본 모습

자료: 〈한국경제신문〉 집코노미

여의도는 상업지역에 지어진 주상복합 아파트다. 상업지역은 원래부터 고층·고밀 개발이 예정된 곳인 만큼 주변 건물의 조망이나 일조권에 대한 제한을 널널하게 둔다. 브라이튼여의도를 짓는 동안에

[도표 2-20] 서울 이촌동 동부센트레빌

* 동부센트레빌은 단지 뒤편 정우맨션의 일조권 확보를 위해 한가운데 구멍이 뚫린 설계를 적용했다.
자료: 네이버 거리뷰

도 주변 주거지역의 일조권에 대한 영향을 크게 따지지 않았다. 반대로 주거지역의 아파트를 재건축할 때도 주변 상업지역의 사정을 크게 고려할 필요가 없는 것이다.

고급 주거단지가 밀집한 곳이라고 예외는 아니다. 갤러리아포레, 아크로서울포레스트, 트리마제가 모여 있는 성수동에도 불안 요인이 존재한다. 수인분당선 서울숲역 바로 앞 빈 땅이다. 아크로서울포레스트와 딱 붙어 있는 이 땅은 부영그룹이 호텔을 짓기 위해 사들인 자리다. 이 호텔이 지어지는 순간 서울숲과 한강을 동시에 감상하던 아크로서울포레스트 일부 라인의 조망은 막힐 가능성이 크다. 그 대신 원앙 마크를 가까이서 볼 수 있겠지만.

이처럼 조망권은 확실하게 보장되지 않는 경우가 많다. 법의 미

[도표 2-21] 서울 성수동 아크로서울포레스트와 부영그룹의 호텔 부지

자료: 〈한국경제신문〉 집코노미

비함에서 오는 문제도 있고, 도시의 구조에서 발생하는 문제도 있다. 조망을 강조하는 곳에선 일반적인 조망권인지 영구적인 조망권인지를 구분해야 하는 이유다. 땅은 답을 알고 있다.

오피스텔은 아파트가 아닌데 왜 아파트처럼 지어서 파는 걸까? 멋진 조감도대로 건물을 짓는다면 분양가를 훨씬 높여 받을 수 있을 텐데 왜 그렇게 짓지 않을까? 분양 시장에선 판상형 구조의 인기가 훨씬 높은데 왜 다른 유형을 섞는 걸까? 건물과 공간에 숨어 있는 저마다의 이유를 살펴보자.

다 똑같은 집이 아니다

명태의 이름은 몇 개일까? 이 녀석의 본명은 명태다. 그런데 신선한 상태로 끓여 먹으면 '살아 있는 명태'라고 해서 생태라고 부른다. 얼리면 '얼 동(凍)' 자를 써서 동태로 둔갑한다. 그냥 말리면 북어, 얼렸다 녹였다를 반복하면 황태, 반쯤 말리면 코다리로 이름이 바뀐다. 또 어릴 때 말리면 노가리, 검게 말리면 먹태다. 벌써 잊었겠나 싶지만 본명은 명태다.

집도 마찬가지다. 분명 똑같이 생겼는데 어떤 건 아파트라고 하고 또 어떤 건 오피스텔이란다. 단어만 들어서는 개념이 상상도 되지 않는 도시형생활주택과 생활숙박시설도 있다. 어떤 차이일까?

집의 족보

크게는 개념적 구분부터 해야 한다. 집을 뜻하는 주택은 단독주택과 공동주택으로 나뉜다. 단독주택은 말 그대로 한집이다. 혼자 또는 우리 가족끼리 사는 집. 그런데 이 건물을 2~3층짜리로 올린다면? 그래도 여전히 단독주택이다. 여전히 한 지붕 안에 우리끼리만 살기 때문이다.

건물을 여러 층으로 올리고 대학가 원룸처럼 칸칸이 세대를 구분한다면 어떨까? 집주인은 한 사람이지만 세 들어 사는 사람은 많은 구조를 다가구주택이라고 부른다. 다가구주택도 개념상으론 단독주택이다. 소유자는 주인아저씨 1명이기 때문이다. 세를 주는 방이 5칸이든 10칸이든 전체를 1채의 집으로 본다. 그래서 소유자

[도표 3-1] 개념적 구분에 따른 주택 및 주택 대체재의 종류

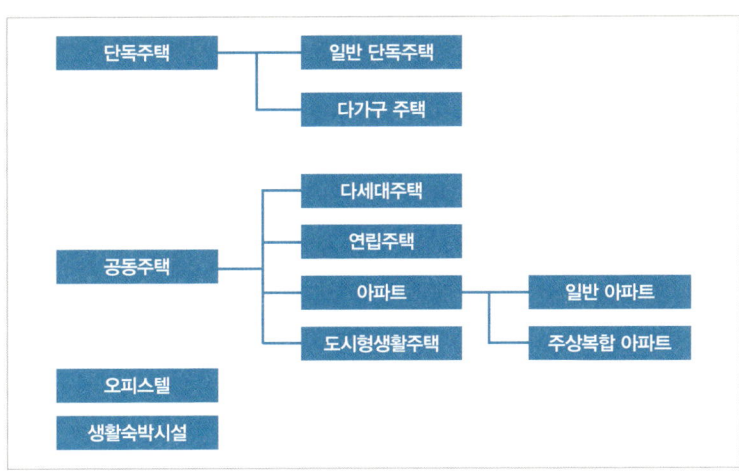

3장 _ 집 분석의 맹점

도 1명이다.

다가구주택과 비슷하게 생겼는데 각각의 집을 나눠서 소유하고 있다면 또 어떨까. 이게 다세대주택이다. 3~4층짜리 건물에 여러 세대가 구분소유로 거주하는 집. 얼핏 봐선 다가구주택과 헷갈리기 쉽다. 핵심은 소유가 구분돼 있냐, 합쳐져 있냐. 다가구주택에선 10칸의 방을 가져도 1채의 집을 소유한 것으로 봤지만 다세대주택에선 숫자만큼 자신의 집이 된다. 다세대주택보다 체급이 조금 크면 다시 연립주택으로 분류된다. 정확히는 4층 이하의 건물이면서 연면적*이 660제곱미터 이하라면 다세대주택, 초과한다면 연립주택이다. 하지만 이렇게 구분하지 않고 빌라라는 말로 통칭하기도 한다. 빌라의 법적 기준은 명확하지 않다. 과거엔 별장 같은 고급주택을 빌라로 부르기도 했지만 최근엔 주로 다세대주택을 가리킨다.

다세대주택이나 연립주택처럼 여러 세대가 한 건물에 모여 살며 각자 소유하는 집을 공동주택이라고 부른다. 공동주택의 대표적인 유형은 아파트다. 4층 이하의 공동주택이 다세대주택이나 연립주택으로 분류됐다면, 5층부턴 아파트가 된다. 100층이어도 마찬가지다. 그런데 아파트의 세부 유형을 따져보자면 끔찍한 혼종이 유난히

★ 건물의 바닥 면적을 모두 더한 넓이. 건물의 크기를 나타내는 가장 대표적인 수치로, 용적률 계산의 토대가 된다.

많은 편이다. 가장 보편적인 주택 유형이자 잘나가는 상품이어서다. 그래서 아파트가 아닌 집도 아파트처럼 만들어야 잘 팔린다. 우리가 분식집 사장이라고 생각해보자. 로제파스타가 유행이라면 급한 대로 로제떡볶이라도 메뉴로 만들어 내놓아야 경쟁에서 생존할 수 있지 않겠는가.

이제부턴 공간적 개념에 따른 분류도 고려해야 한다. 지금까지는 단독주택이든 공동주택이든 주거지역에 짓는 집에 대해 설명했다. 그런데 내가 상업지역의 땅을 갖고 있다면? 상가를 지어 팔면 된다. 하지만 모두가 온라인으로 주문하고 로켓배송을 받는 시대다. 상업시설 분양에 자신이 없다면? 이때 로제떡볶이를 만드는 것이다.

대표적인 로제떡볶이가 주상복합 아파트다. 이름에서 보여주듯이 친구는 아파트가 맞다. 땅이 아파트 용도가 아닐 뿐이다. 원래는 상업시설을 지어야 하는 땅에 아파트를 섞은 게 주상복합 단지다.

[도표 3-2] 공간적 구분에 따른 주택 및 주택 대체재의 종류

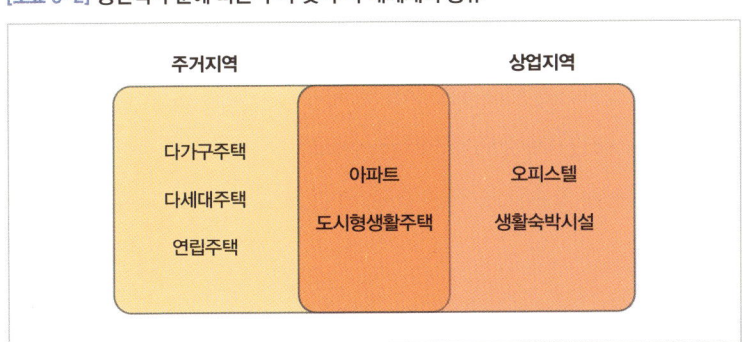

[도표 3-3] 경기 부천 중동신도시의 주상복합 단지 힐스테이트중동

자료: 〈한국경제신문〉 집코노미

상업지역에 짓는 건물 저층부를 상가 등 상업시설로 쓰면서 위엔 주택을 올린 형태라서 이름에 '주거와 상업의 복합'이 들어가는 것이다. 땅의 성격만 보자면 상가가 본체이고 아파트는 부수적인 것인데 규모로는 아파트가 상당 부분을 차지하는 게 보통이다.

도시계획에서 상업지의 위치적 특성상 주상복합 아파트는 필연적으로 지역의 중심에 지어진다. 그래서 대부분 교통 여건이 좋은 편이다. 건물에 상가가 딸려 있기 때문에 생필품을 사거나 식사를 해결하는 정도는 바깥으로 나가지 않고도 가능하다. 병의원을 유치하는 주상복합 단지들도 많아서 슬리퍼를 신고 웬만한 대소사를 해결할 수 있다.

하지만 중심가인 만큼 대로변 소음에서 자유롭지 못하다. 상업지

역인 탓에 아이들이 다닐 학교가 멀고, 부지가 큰 편은 아니어서 대단지 아파트와 비교할 때 커뮤니티 시설이 부족하다는 평가도 나온다. 용적률 또한 주거지역 대비 2~3배 높은 상업지역 기준이 적용된다. 주상복합 아파트를 지어서 분양해야 하는 시행사 입장에서 생각해보자. 허용된 용적률을 최대한 꽉꽉 채워 팔아야 더 많이 남길 수 있다. 그래서 면적 대비 굉장히 높은 밀도를 보인다. 좁은 땅에 아파트가 빈틈없이 촘촘하게 들어선 모습을 본 적이 있다면 그 단지는 대부분 주상복합 아파트다.

물론 주상복합 아파트와 거의 똑같이 생겼지만 이름만 다른 오피스텔도 있다. 오피스텔 또한 상업지역에 주거용으로 지을 수 있는 건물 가운데 하나다. 일반 아파트와 구분하려면 땅의 용도를 보면 된다. 겉모습만으로는 주상복합 아파트와 구분하기 어렵다. 하나의 주상복합 단지 안에 아파트와 오피스텔이 섞이는 경우도 있다. 이같은 경우엔 오피스텔의 면적대가 아파트보다 작은 편이다. 아무래도 더 적은 가구 구성원을 주 고객층으로 보기 때문이다.

아파트와 아이들

그렇다면 오피스텔도 주택일까? 맞기도 하고 아니기도 하다. 법에서도 준주택이라고 모호하게 봐주고 있다. '오피스+텔'이라는 합성어에서 보듯 원래는 일도 하고 머물 수도 있는 공간의 의미였다. 하지만 상업지역에서 집 같은 건물을 지어 팔 수 있는 방법이 오피스텔이다 보니 최근엔 사실상 주택으로서 오피스텔을 짓는 경우가 많다. 전통적인 소형 원룸 형태의 오피스텔도 있지만 '아파텔'이라고 불리는 중대형 오피스텔도 점차 늘어나는 추세다. 관련 법령도 계속 바뀌고 있어서 최신 오피스텔은 발코니를 설치할 수 있게 됐고, 바닥난방 제한*도 사라졌다. 족보만 빼면 아파트와 거의 차이가 없는 셈이다.

물론 차이가 거의 없다고 했지 아파트와 완전히 똑같다는 건 아니다. 거주 측면에선 실 사용 면적이 더 좁다. 공용부로 할애되는 면적의 비중이 크기 때문이다. 분양 과정도 다르다. 오피스텔은 완전한 주택은 아니기 때문에 청약제도**를 적용받지 않는다. 청약통장이나 가점이 필요하지 않다는 얘기다. 당연히 당첨자 선정이 돌려 돌려 돌림판, 온전히 운에 따른다. 거래 등과 관련한 제한도 주택에 비해 덜하기 때문에 집값을 잡기 위해 규제가 강력해지는 시기엔

---

* 원래 주거용으로 도입된 건물 유형이 아닌 만큼 면적을 기준으로 바닥난방을 제한해 주택으로 전용되는 것을 막아왔다. 보일러를 돌릴 수 없게 해 거주성을 떨어뜨린 것이다. 하지만 주택 공급 다변화 기조에 맞춰 오피스텔의 바닥난방 면적 기준도 점차 완화됐고 2024년에 폐지됐다.

** 주택을 분양할 땐 공개모집 절차를 거쳐야 하고 청약자들의 청약통장에 따른 우선순위를 정해 당첨자를 선정해야 한다. 청약제도로 통칭하고 있지만 정확히는 '주택공급에 관한 규칙'이라는 법률로 공공과 민간의 분양 및 임대 당첨자 선정 기준이 규정돼 있다. 다만 30가구 미만의 주택을 분양할 땐 이 제도가 적용되지 않기 때문에 임의로 판매할 수 있다.

[도표 3-4] 아파트와 대체재들

구분		아파트	오피스텔(주거형)	생활숙박시설	도시형생활주택
법적 용도		주택	업무시설	숙박시설	주택
관계법령		주택법 건축법	건축법 건축물의 분양에 관한 법률	건축법 건축물의 분양에 관한 법률 공중위생관리법	주택법 건축법
청약통장 필요 여부		O	X	X	X
전매제한		O	O	X	O
대출규제		O	△	△	O
숙박업 등록		불가	불가	필수	불가
주택 수 포함 여부	청약	O	X	X	O
	세제	O	O	X	O

아파트 대체재로 부각되기도 한다.

오피스텔이면 블루리본 정도는 받을 수 있는 로제떡볶이다. 문제는 다음이다. 이번에도 겉보기엔 똑같지만 아파트도 아니고 오피스텔도 아니다. 한 번쯤은 들어봤을 생활숙박시설 얘기다. 이름대로 일단 주택은 아니다. 심지어 준주택도 아니다. 세입자를 받을 수 있는 집이 아니라 숙박시설로만 활용할 수 있는 공간이다. 레지던스와 동의어라고 보면 된다. 레지던스의 의미조차 고개가 갸웃거려진다면 휴가 때 놀러 갔던 호텔 등 숙소를 떠올려보자. 집 같은 구조인데 취사는 안 되는 곳들 말이다.

실제로 과거엔 분양형 호텔 형태의 생활숙박시설이 많았다. 호텔의 지분이나 호실 등기를 사들여 운영수익을 배당받는 형태다. 그런데 집값이 오르면서 주택에 대한 규제가 심해지자 빈틈을 노리고 생활숙박시설이 진화했다. 호텔이 아니라 집처럼 짓기 시작한 것이다. 주택과 모양은 똑같지만 규제는 없는 상품을 매수하라는 마케팅도 쏟아졌다.

생활숙박시설은 이름대로 숙박만 가능할 뿐 거주할 순 없는 곳이다. 하지만 분양 과정에서 마치 주택과 차이가 없는 것처럼 허위·과장 광고가 많이 이뤄진 탓에 계약자와 사업자 사이에 소송이 줄을 이었다. 오피스텔로 용도를 변경하면 사실상 주택처럼 쓸 수 있었지만 그마저도 쉽지 않았다. 화재나 주차 등의 기준을 맞춰야 하는데 건물은 이미 지어진 상태이기 때문이다. 결국 돈을 들여 개조해야 한다. 그러려면 소유자 모두의 동의가 필요하다. 아, 물론 돈도 필요하다. 근본적으로 건물을 다 지어놓고 사후에 관련 규정에 맞추는 건 쉬운 일이 아니다. 전국적으로 난립한 생활숙박시설 곳곳에서 비슷한 문제가 터지자 결국 정부는 용도 전환의 허들을 낮추는 등 퇴로를 열어줬다.

도시형생활주택도 지금까지 살펴본 유형들과 한눈에 구분하기 어려운 건물이다. 그래도 나름대로 정식 주거 상품이기 때문에 주거지역에 짓는다. 이름 그대로 주택이고, 원룸형 아파트에서 출발한 개념이다. 로제떡볶이 같은 혼종이 아니라 제법 족보 있는 컵떡볶이인 셈이다.

[도표 3-5] 서울 도심 한복판인 정동에 들어선 도시형생활주택 삼정아트테라스

자료: 〈한국경제신문〉 집코노미

　2000년대 후반부터 1~2인가구가 증가하면서 도심 주거 수요가 늘어나자 이에 대응하기 위한 공급책으로 도입한 게 도시형생활주택이다. 목적에 맞게 소형 주택 위주다. 도심에서 아파트를 개발하기엔 작은 자투리땅을 활용할 수 있게 도입한 제도인 만큼 주차장 등의 기준이 크게 완화됐다. 사회 초년생이나 1~2인가구에겐 매력적인 주거 유형이지만 가구원 수가 늘어나면 공급의 효율을 위해 포기한 부분들이 단점으로 떠오를 수 있다.

　진짜 아파트부터 가짜 아파트까지 그 유형도 이렇게나 많다. 주의해야 하는 건 수급 상황을 파악하기 위해 공급량을 따져볼 때 아파트 대체재들은 제대로 집계하기 어려운 경우가 많다는 점이다. 워낙 깜깜이 공급이 이뤄지는 탓이다. 일시적으로 공급 과잉이 빚어지는 경우도 허다한 만큼 임대소득을 염두에 두고 있다면 주변의 공

급 상황을 면밀히 살펴봐야 한다. ==또 겉보기엔 똑같아도 엄연히 다른 유형이고 적용되는 법률 또한 다르다는 점을 유념해야 한다. 마케팅은 교묘하다. 사람뿐 아니라 집 또한 겉모습만 보고 판단해서는 안 된다.==

왜 조감도처럼 짓지 않을까?

설레는 소개팅에서 만난 상대가 사진으로 봤던 모습과 너무 다르다면? 물론 나 자신이 남에게 그런 경험을 줄 수도 있지만…. 당하는 게 어느 쪽이든 당황스러울 수밖에 없는 상황이다. 하물며 수억, 수십억 원을 주고 산 집이 머릿속에 그리던 그림과 너무 다르다면 어떨까?

분양 아파트는 대부분 실물을 구경도 하기 전에 구매를 결정하게 된다. 분양받은 사람들(수분양자)이 내는 계약금과 중도금으로 건물을 짓는 선분양 방식이기 때문이다. 모델하우스에서 본 실물 모형과 휘황찬란한 CG만으로 미래를 상상하며 수억 원의 소비를 결정해야 한다. 그런데 막상 다 지어진 뒤 실물로 마주한 집을 CG와 비교하면 어딘지 초라하고 휑하다는 느낌을 지울 수가 없다. 색감부터 마감까지 완전히 딴판이 되는 이유는 뭘까?

문제는 돈이야

이유는 복합적이다. 도표 3-6에서 보듯, 우선 앞으로 짓게 될 건물의 모습을 상상하는 단계에선 최대한 멋지게 구상한다. 특히 재개발이나 재건축사업을 하는 과정에서 건설사가 조합으로부터 공사를 수주하기 위해 제시하는 CG는 영화적 연출에 가깝다. 냉정하게 따져보자면 이 단계에서의 조감도나 투시도는 '이런 느낌으로 아파트를 짓겠다'는 정도의 의미일 뿐이다. 신차가 나오기 전 디자이너가 콘셉트카를 스케치한 정도의 단계라는 것이다. 실제로 양산해서 시판할 땐 전혀 다른 모델이 된다.

실질적으로 사업을 시작하면 여러 가지 현실을 반영할 수밖에 없

[도표 3-6] 조감도부터 실물까지의 열화 과정

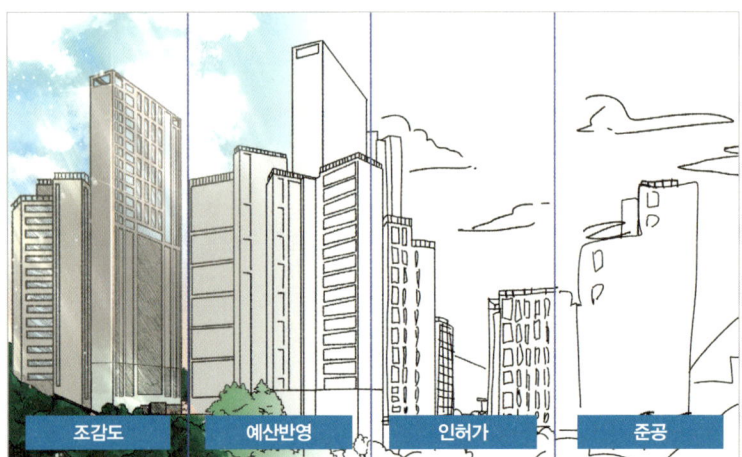

자료: 〈한국경제신문〉 집코노미

다. 가장 큰 문제는 돈이다. 돈을 많이 들여서 고급스럽게 짓는다면 좋겠지만, 원가가 높아진다는 건 그만큼 분양가도 높아져야 한다는 의미다. 성공하면 대박이겠지만 가격이 높아질수록 실패할 확률도 높아진다. 수익성을 높이기 위해 분양 가능한 가구 수를 늘리다가 건물이 빽빽해진다거나 상징적 구조물이 은근슬쩍 사라지는 등 다운그레이드가 진행된다. 마감재도 달라진다.

도시엔 밑그림이 있다

시청이나 구청 등을 상대하는 대관 업무도 변수다. 인허가의 키를 관에서 쥐고 있기 때문이다. 모든 도시는 도시계획을 세워두고 그 안에서 세부 지역별로 공간에 대한 가이드라인을 정해둔다. 여기엔 건물의 배치나 색감, 야간조명 등 건축물의 외관과 관련해 권장하는 것과 하면 안 되는 게 포함된다. 이를 지구단위계획과 경관계획이라고 부른다. 그런데 지으려는 건물이 이 계획과 어긋난다면 어떨까? 아예 건물의 밑그림부터 다시 그리거나 공무원을 설득해야 한다. 그래서 건설 관련 비리가 인허가 과정에 집중돼 있기도 하다.

신도시는 백지에서 새롭게 그리는 도시인 만큼 계획을 아주 꼼꼼하게 짜둔다. 어느 블록의 포인트 건물은 어느 쪽으로 배치해야 하고, 건물의 모양은 어떤 식이어야 하는지 등을 비교적 구체적으로 정해둔다. 이 같은 가이드라인에 맞춰 설계를 하다 보면 최초 구상

[도표 3-7] **경기 화성 동탄2신도시의 지구단위계획 시행지침**

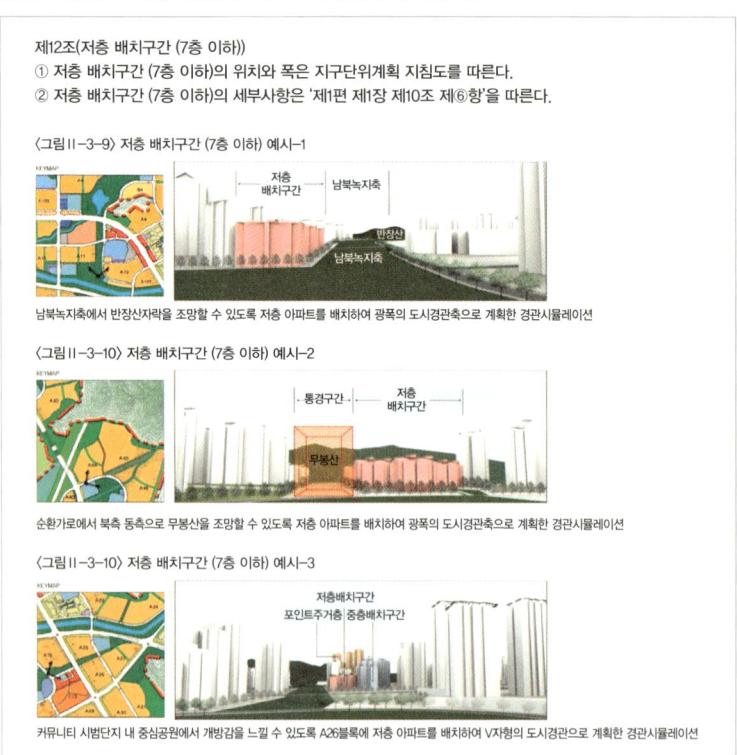

* 지구단위계획 시행지침엔 아파트의 배치와 방향 등이 규정돼 있다.
자료: 국토교통부

과는 다소 멀어질 수 있다.

경관계획은 도시마다 중점을 두는 가치가 다르다. 이 가운데는 조망점이라고 해서 절대 가리면 안 되는 지점이 있다. A 지점에서 B 지점을 바라볼 때 뭔가가 시야를 가리지 않게 하라는 의미다. 그 뭔가는 우리의 건물이다. 어디서 바라봤을 때 얼마나 보여야 하는지 좌표까지 모두 규정돼 있다.

[도표 3-8] 서울시의 경관계획에 따른 조망점 39곳

- 1등급 3개
- 2등급 19개
- 3등급 17개

등급	조망대상(대표성)	조망점(가시성/접근성/인지성)
1등급	남산 조망	모든 조건 우수
2등급	남산 조망	한 조건이라도 우수하지 않을 경우
	북한산, 관악산, 북악산 조망	모든 조건 우수 또는 보통
3등급	북한산, 관악산, 기타 산 조망	모든 조건 우수 또는 보통

자료: 서울시

서울시는 등급에 따라 모두 39곳의 조망점을 두고 있다. 가장 대표적인 지점이 남산이다. 반포대교 남단 부근에서 남산을 바라봤을 때 능선이 온전히 보여야 한다. 다르게 얘기하면 동부이촌동(이촌1동)이나 서빙고동 아파트들의 재건축이 진행될 때 이 조망점이 변수가 될 수 있다는 의미다. 이 같은 기준에 맞추다 보면 최초 계획과 비교해 건물이 높이나 배치가 달라질 수밖에 없다. 계획을 수정하고

[도표 3-9] 서울 서빙고동 신동아아파트의 재건축 신속통합기획* 투시도

* 서울시는 신동아아파트가 재건축을 마쳐도 남산을 완전히 가리지 않도록 건물의 높이를 다변화하고 입체적으로 배치하는 안을 제시했다.
자료: 서울시

도 인허가를 넘지 못해 수차례 재수정하며 아까운 시간을 허비하게 될 수도 있다.

아파트도 얼짱 구도가 있다

지키라는 것을 모두 지키고 반영하고 나면 주변 풍경과 어울리는지도 따져본다. 이를 경관 시뮬레이션이라고 한다. 경관 시뮬레이션까

* 정비사업의 인허가 절차와 기간을 단축하고 용적률 등의 규제를 일부 풀어주는 대신 공공주택 등 공공기여 의무를 부여하는 서울시의 재개발·재축 방식. 기존의 도시·건축 혁신안을 계승한 개발 방식으로 '신통기획'이라고 줄여 부르기도 한다.

[도표3-10] 강원 속초 디오션자이의 투시도와 실물

자료: GS건설 제공(위)

지 마쳐야 비로소 최종에 가까운 CG를 뽑아낼 수 있다. '최최최종' CG가 되기까지는 아직도 멀었다. 상품성을 높이기 위한 부분들이 뒤늦게 보완되기도 하고, 가장 예쁜 구도나 빛깔을 보여주기 위한 보정도 이뤄진다.

최종에 가까운 CG도 실물과 다를 수밖에 없는 건 화장을 한껏 먹었기 때문이다. 특히 가장 이질적인 건 주변 환경과 조경이다. CG에선 주인공 건물 외엔 주변 환경이 생략되거나 투명한 건물처럼 표현된다. 거짓말은 아니지만 그렇다고 솔직한 것도 아니다.

조경 역시 대부분 나무가 울창하고 꽃이 흐드러지게 핀 모습으로 연출된다. 하지만 실제 자연에선 형형색색의 꽃들이 한날한시에 피지 않는다. 자기들끼리 도원결의라도 한 게 아니라면 말이다. 또 신축 단지에 조경수로 심어진 나무들은 대부분 어린 축에 들기 때문에 수풀이 충분히 우거지기까지 시간이 필요하다. 아파트가 지어진 직후엔 조경이 다소 휑하다고 느껴질 수밖에 없는데, 장래에 나무가 우거질 환경을 염두에 두고 배치하기 때문이다. 하지만 CG는 단지를 최고의 컨디션으로 소개해야 하기 때문에 이 같은 환경을 연출적 용인으로 넘긴다. CG와 실물이 너무 다를 경우 소송전이 벌어지기도 하기 때문에 안전장치도 미리 준비하는 편이다. CG의 한구석에 보일 듯 말 듯 쓰인 '실제와 다를 수 있음'이라는 안내가 들어간다. 업계 용어로 '오리발 문구'다.

경관계획은 사람이 심의하고 수치화하기 어려운 정성적 평가 요인이 많기 때문에 기준이 모호하게 느껴질 수 있다. 서울시의 경우엔 한때 아파트 최상층부의 스카이 브리지가 주변에 위화감을 조성한다는 이유를 들며 인허가를 해주지 않기도 했다. 재개발·재건축 조합원이라면 예상치도 못했던 이 같은 문제들 때문에 사업 지연을 겪을 수도 있는 것이다.

[도표 3-11] 서울 남가좌동 DMC래미안루센티아 분양 당시 세워진 모형도와 실제 단지의 모습(화면 가운데 위로 보이는 아파트)

자료: 〈한국경제신문〉 집코노미

    소비자 입장에서 가장 믿을 수 있는 건 모형도다. 분양 아파트의 모델하우스를 방문한다면 이것부터 꼼꼼히 확인하자. 세대 내부의 모습*이 더 넓어 보이도록 일부러 작은 사이즈의 침구를 들여놓는

★   '유닛(unit)'이라고 부른다.

다거나, 고급스러워 보이도록 명품 소품들을 비치하는 등 눈속임이 가능하다. 하지만 모형도는 설계도를 기반으로 비율만 줄여 세워둔 사실상의 건물 압축판이다. 주변의 지형도 단지와 함께 연출하고, 색감도 실제와 가깝게 낸다. 단지가 가진 밀도와 높이를 입체적으로 이해하기도 좋다. 아파트가 다 지어진 뒤 모형도의 모습과 비교해보면 크게 이질적이지 않다는 걸 느낄 수 있다. 대수롭지 않게 보이는 이 모형도가 실은 돈도 꽤 들여서 만드는 항목 중 하나라는 점을 기억하자.

> # 왜 하나의 단지를
> # 나눠서 분양할까?

한때 '선당후곰'이라는 말이 유행했다. 일단 청약해서 당첨되면 그때부터 고민을 시작하라는 의미다. 여러 제도적 장점 덕분에 청약으로 아파트를 분양받는 게 일반 매수보다 유리한 만큼 열심히 청약하란 뜻으로 널리 쓰였다. 물론 집값이 계속 오른다는 게 전제된 표현이다. 그런데 막무가내로 청약하기 전에 반드시 해야 할 일이 있다. 현장을 방문하는 것이다. 주변의 지리와 시설 등 현황을 파악하는 것도 중요하지만 숨겨진 땅이 있는지를 살펴봐야 한다.

이름만 같고 사실은 다른 아파트

아파트에 당첨돼서 좋아했는데 불과 한두 달 뒤에 더 좋은 자리에서 다른 아파트가 분양한다면 어떨까? 심지어 우리 아파트와 똑같은 이름에 '2차'라는 이름을 달고서. 바로 옆에 아파트 지을 땅이 더 있다는 걸 몰랐다면 당황스러울 수밖에 없다. 고만고만한 자리지만 한 동네 안에서도 어느 단지가 지하철역과 가까운지, 학교와 가까운지를 두고도 우열이 갈리는 게 부동산 시장이다.

이 같은 일이 일어나는 이유는 두 가지다. 우선 원래부터 나눠진 블록인 경우 당연히 따로 분양하게 된다. 도표 3-12처럼 신도시 등의 땅마다 부여된 번호를 떠올리면 된다. 얼핏 보기엔 거대한 A1 블록이 있는 것 같다. 자신이 분양받은 아파트는 A1 블록의 오른쪽에 배치되고, 같은 블록의 왼쪽에 있는 남은 물량을 2차로 분양하는 것으로 보인다.

하지만 이럴 때 두 단지는 하나의 아파트가 아닌 경우가 많다. 사실 내가 분양받은 건 A2 블록이고 새로 분양되는 단지는 A1 블록인 것이다. 사업 승인조차 따로따로 받아 행정적으로는 완전히 다른 아파트다(도표 3-13). 다만 시행사가 같고 위치가 붙어 있기 때문에 똑

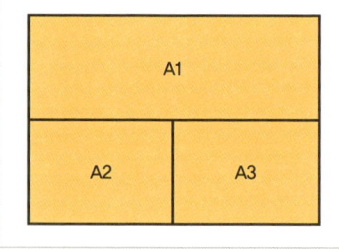

[도표 3-12] 블록 나누기 1

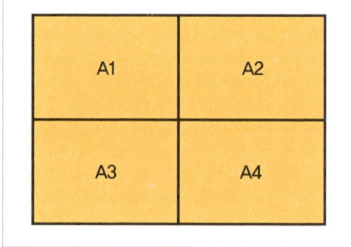

[도표 3-13] 블록 나누기 2

같은 이름을 달고 1, 2차로 구분해 하나의 단지인 것처럼 둔갑시킨 것이다.

맞붙어 있는 2개의 땅을 모두 가진 시행사 입장에선 아파트 분양 순서를 고민할 수밖에 없다. 대개 더 인기가 높을 것으로 보이는 땅의 아파트를 먼저 분양해 여운을 남긴 뒤 후속 단지 분양을 이어간다. 이땐 앞으로 더 나올 물량이 있다는 뉘앙스는 철저히 숨긴다. ==청약 수요를 이탈시킬 수 있는 '다음 기회'라는 말은 언제나 금기어다. 후속 단지를 분양할 땐 반대다. 앞선 단지와 입지적으로 별반 차이가 없고, 두 아파트가 하나로서 규모의 경제를 이룰 것이라는 느낌의 마케팅을 펼친다.==

붙어 있는 별개의 단지를 한꺼번에 분양하는 경우도 있다. 앞서 본 대로 행정적으로는 별개의 단지지만 묶어서 하나의 아파트인 것처럼 상품화하는 것이다. 각각의 사업장인 만큼 입주자모집공고도 따로 내는데 이때 당첨자 발표일을 다르게 둔다. 당첨자 발표일이 다르면 청약자 입장에선 중복 청약에 따른 페널티를 피할 수 있다. 한 사람이 두 단지에 청약할 수 있다는 얘기다. 시행사 입장에선 마치 인기가 많은 단지인 것처럼 청약 건수를 뻥튀기할 수 있다. 그만큼 청약자 수에 허수가 생기고 경쟁률은 올라간다.

규제가 강하지 않은 곳에선 이 같은 방식으로 중복 청약이나 분양권 투자를 유도하기도 한다. 청약해서 당첨된 사람이 직접 살든 말든 시행사 입장에선 일단 하나라도 더 계약시키는 게 중요하기 때문이다. 초기 계약이 이뤄져야 은행들의 중도금대출이 실행되고 시행사에 돈이 들어올 수 있는 구조가 된다.

==다만 거주 측면에서는 거대한 하나의 단지가 아니라 각각의 단지다. 관리사무소나 입주민 편의시설도 모두 따로 운영한다. 입주자모집공고문에도 명시돼 있다. 아주 작게.==

한 번에 분양할 자신이 없으면 두 번 분양한다

순차분양을 하는 두 번째 이유는 시장 상황 때문이다. 하나의 단지인데 시행사가 두 번에 걸쳐 입주자모집공고를 내는 것이다. 물량을 나눠 찔끔찔끔 분양하기 위해서다. 시장 상황이 좋지 않아 분양에 자신이 없을 때 이 같은 방식을 쓴다. 개발사업의 위험은 상상을 초월한다. 분양이 삐끗하면 직원 몇 명이 잘못되는 정도가 아니라 회사가 문을 닫아야 할 수도 있다.

이해하기 쉽게 청약 경쟁률을 보자. 1,000가구짜리 아파트를 한꺼번에 분양해서 1,000명이 청약한다면 경쟁률은 1대1이다. 당첨자 가운데 70~80%만 계약해도 초기 계약률이 굉장히 높은 편이다. 나머지 물량은 예비 당첨자에게 배정해서든 무순위 청약을 진행해서든 팔아야 한다. 그러다가 조직분양*까지 이뤄지기도 한다.

* 영업사원에게 성과금을 주고 미분양 아파트를 개별 판매하는 방식. 분양 시장에서 최후의 단계로 본다.

==그런데 물량 절반을 나눠 일단 500가구만 분양했고 똑같이 1,000명이 청약한다면 어떨까? 경쟁률은 2대1이 된다. 나중에 나머지 500가구를 분양할 때 어떤 마케팅을 할 수 있을까? '부동산 시장이 이렇게 좋지 않은 상황에서 1차 물량이 경쟁률 2대1을 기록할 정도로 선방한 아파트'가 되는 것이다.== 물론 경쟁률은 단지의 전체 평균보다 특정 주택형이 기록한 최고 경쟁률을 내세운다. 어쨌든 이 같은 방식을 분할입주자모집이라고 한다. 법에서도 보장하고 있다. 하나의 단지를 나눠 분양했기 때문에 분양 회차에 따라 1, 2차로 구분하지 않고 하나의 아파트로 본다.

사실 땅도 마찬가지다. 한국토지주택공사(LH)나 경기도시공사(GH)는 택지를 조성하고 땅을 수용해 기반공사를 마치면 시행사나 건설사 등에 토지를 매각한다.* 그런데 이때 잘 안 팔리면 그 땅을 쪼개기도 한다. 입찰을 받을 때 최소 얼마 이상이어야 한다는 단서를 두는데, 땅의 크기가 줄어드는 만큼 하한선도 낮출 수 있기 때문이다. 그래서 어떤 블록들은 A1-1, A1-2 같은 번호가 부여된다(도표 3-15). 신도시 등에서 주변 단지들보다 유난히 규모가 작은 땅이 이 같은 경우다.

---

* 정부는 2025년 9·7대책을 통해 앞으로는 토지매각을 중단하고 LH가 직접 시행하거나 민간과 공동시행해 주택을 공급하겠다는 방침을 발표했다. 물론 이 방침은 LH의 재정 상황에 따라 다시 바뀔 수도 있다.

[도표 3-14] 블록 나누기 3

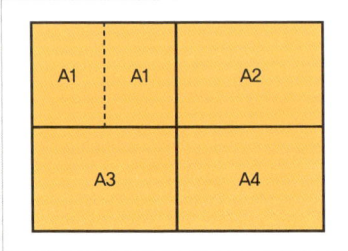

[도표 3-15] 블록 나누기 4

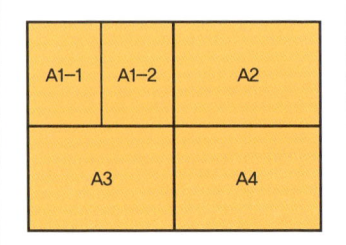

간단히 정리해보자.

① 같은 이름의 아파트라도 블록이 나뉘어 있다면 따로 사업 승인을 받은 별개의 단지일 확률이 높다.

② 이들은 따로 분양하기도, 동시에 분양하기도 한다.

③ 반대로 하나의 블록에서 하나의 단지가 여러 번에 걸쳐 분양하기도 한다.

모두 부동산 시장 상황에 따른 생존법이기 때문에 물량 조절 측면이라고 이해하면 된다. 시행사가 조심스러워한다면 분양을 받는 사람도 마찬가지다. 투자로서 분양을 받는다거나 세를 들일 목적이라면 이처럼 주변의 가려진 수급을 따져봐야 한다.

판상형 vs 탑상형

임장을 다니고 지역과 단지를 분석할 땐 미처 확인할 수 없는 게 있다. 집의 구조다. 지역의 특성과 아파트별 장단점을 분석해 매수를 결정하더라도 어떤 매물이 등장할지는 알 수 없다. 원하는 면적대와 가격대 매물을 잽싸게 잡더라도 막상 집을 보러 가보면 당황스러운 구조일 수 있다. 보편적인 주택 설계를 기준으로 어떤 장단점이 있는지 살펴보자.

아파트의 세대 내부는 크게 판상형과 탑상형★ 구조로 나뉜다. 도표 3-16에서 보듯 판상형은 판판하게 퍼져 있는 구조(위), 탑상형은 오밀조밀 모여 있는 모양(아래)이다. 전통적으로 인기가 높은 설계

★ '타워형'이라고도 한다.

[도표 3-16] 판상형과 탑상형 구조

는 판상형이다. 방과 거실이 같은 방향을 보는 구조이다 보니 건물을 남향으로 배치했을 때 집 전체의 채광이 뛰어나서다. 그런데 판상형 구조는 아파트의 모양을 '일(一)' 자로 만들어버린다. 선호도가 높은 판상형 설계를 많이 반영할수록 아파트의 모양도 넓게 퍼진다. 한국의 도시 미관이 성냥갑 아파트 천지라는 지적을 받는 건 이 같은 이유에서다.

건설사들은 성냥갑 아파트를 피하기 위해 건물을 꺾기 시작했다. 'ㄱ'이나 'ㄴ' 자 또는 'V' 자 형태로 설계에 변화를 주고 입체적인 외관을 연출했다. 그런데 도표 3-17에서 보듯 건물이 꺾이는 부분

[도표 3-17] 다양한 평면 구조

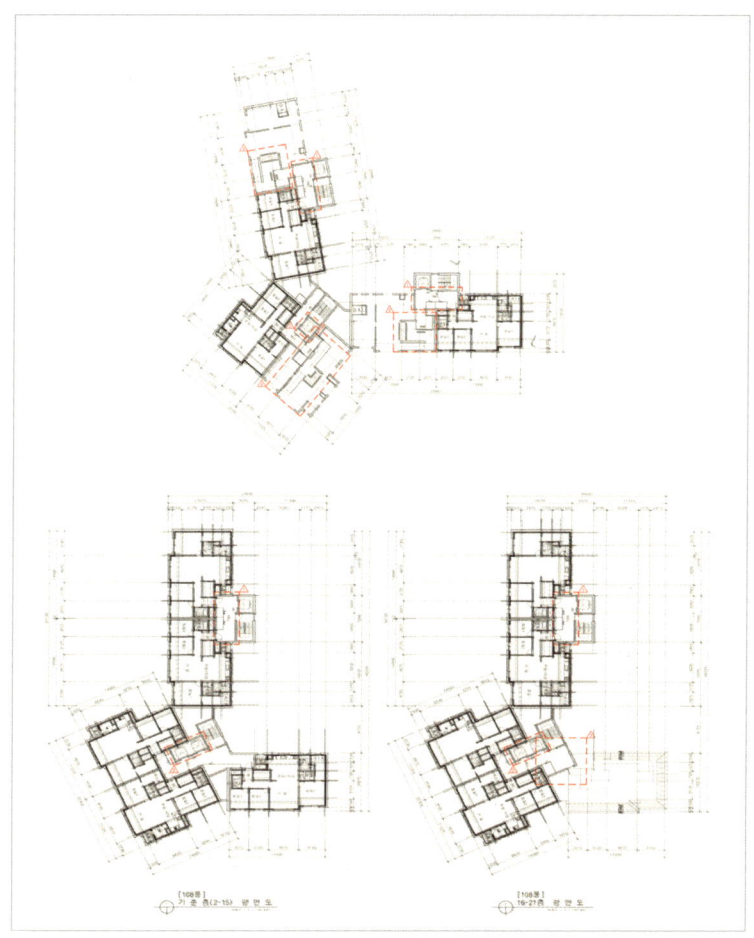

3장 _ 집 분석의 맹점

에선 널찍한 판상형 설계를 반영하기 어려웠다. 이 구간에 맞는 설계를 궁리해낸 결과가 탑상형 구조다. 'ㄱ'이든 'ㄴ'이든 'V'든 글자의 날개 부분엔 선호도 높은 판상형을 배치하고 꺾이는 구조엔 탑상형을 넣어 공간을 활용한 것이다. 그래서 일반적인 신축 아파트엔 판상형과 탑상형의 비중이 7:3 또는 8:2 정도의 비율로 섞여 있다.

판상형은 매매 시장과 분양 시장에서 선호도가 높은 구조다. 새 아파트를 분양할 때도 A형 주택형엔 보통 판상형이 배치될 정도다. 가장 보편적인 게 '4베이 판상형 맞통풍' 설계다. 여기서 베이(Bay)는 벽을 사이에 두고 마주 보는 구획의 숫자를 말한다. 도표 3-18의 형태가 '방-거실-방-방' 구조의 전형적인 4베이 설계다. 여기에 주방 창문이 거실 창문과 마주 보고 있어 맞통풍이 이뤄진다. 이게 가

[도표 3-18] 맞통풍을 고려한 4베이 판상형 설계

장 기본이 되는 구조다. 한국에선 대부분의 집이 병적으로 남쪽을 보게 설계되는 만큼 거실이 남향이면 다른 방들도 남향이고, 그만큼 채광이 좋을 수밖에 없는 것이다.

똑같은 판상형 구조인데 베이의 숫자가 줄어든다면 어떨까? 4베이가 아닌 3베이 구조에선 '방-거실-방'의 순서가 된다(도표 3-19). 그런데 방의 숫자는 유지된다. 나머지 한 칸의 방은 남향으로 함께 배치되는 게 아니라 다른 공간에 욱여넣을 수밖에 없다. 보통 주방 옆 북향으로 배치된다. 채광에 불리하고 결로가 생길 수 있는 구조인 셈이다.

물론 최근의 아파트 배치는 정남을 보는 형태가 아니다. 최대한 많은 세대가 남향을 조금이라도 볼 수 있게 하기 위해 조금씩 꺾는

[도표 3-19] **3베이 판상형 설계**

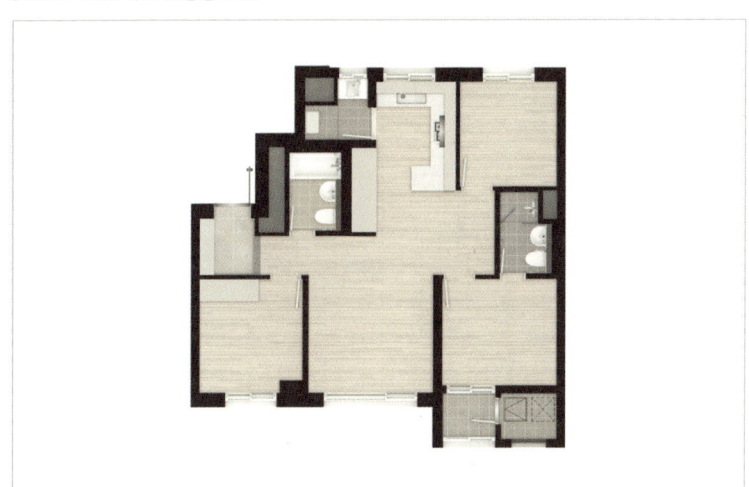

다. 남동, 남서향이 그래서 나온 형태다.

판상형은 단순하고 무난한 구조가 만족도 높은 요인이기도 하고 단점이기도 하다. 조망은 크게 기대하지 않는 편이 좋다. 한 단지 안에 판상형 주택이 많이 배치되다 보면 서로가 서로의 조망을 가릴 수밖에 없기 때문이다. 성냥갑의 특징이다. 탁 트인 단지 끝 쪽 동이 아니라면 거실 창 너머로 뒷동의 주방 정도만 볼 수 있는 구조가 나오기도 한다.

이 문제를 개선할 수 있는 게 입체적인 단지 배치다. 그런데 조망에 신경 쓰다 보면 토지이용의 효율이 떨어질 수밖에 없다. 배치를 꺾느라 가구 수를 줄이는 등 다른 걸 포기할 수밖에 없단 얘기다. 규모가 줄어든다는 건 분양해서 팔 수 있는 집이 줄어든다는 의

[도표 3-20] 부모와 자녀의 생활권이 분리된 탑상형 설계

미다. 조합이든 시행사든 사업자의 수익성이 떨어진다는 뜻이기도 하다.

탑상형은 호불호가 크게 갈리는 편이다. 만족하는 사람들은 만족하지만 어떤 이들은 아예 기피하기도 한다. 만족하는 이들은 집 안에서의 생활권이 나뉜 부분을 마음에 들어 한다. 부부 침실과 아이들 방이 구획처럼 나뉘어 있기 때문이다. 판상형에 비하면 다양한 구조가 나오는 것도 집이 입체적으로 느껴지는 데 한몫한다.

탑상형의 장점은 이면개방 구조에서 극대화된다. 도표 3-21도 탑상형인데, 도표 3-20과 구조상으로 다른 점이 있다. 거실에 있는 창문이 하나냐, 둘이냐. 이렇게 2개의 벽을 터 창문을 만든 게 이면개방 구조다. 거실의 개방감이 뛰어나기 때문에 실제 체급보다 집

[도표 3-21] **이면개방 구조의 탑상형 설계**

3장 _ 집 분석의 맹점　　141

이 넓어 보이기도 한다. 면적대가 대형일수록 장점이 더 두드러진다는 평가도 받는다. 탑상형 구조가 배치되는 위치상 조망도 판상형보다는 뛰어난 편이다. 그래서 이면개방에 고층 세대라면 거실에서 창밖을 바라보며 성공한 인생의 감회에 젖을 수도 있다. 판상형 구조가 맞통풍을 강점으로 내세우지만 탑상형의 이면개방 또한 통풍이 뛰어난 편이다. 도어 스토퍼로 문을 고정해두지 않으면 알아서 닫힐 정도로 바람이 씽씽 분다는 항변 섞인 생활기도 어렵지 않게 찾아볼 수 있다.

문제는 이면개방 구조가 탑상형에서도 흔하진 않다는 점이다. 또 이면개방일 경우 거실 가구 배치가 모호해지기도 한다. 소파나 스탠드형 에어컨 등을 두려다 보면 창 한쪽을 가리게 된다. 장점인 개방감과 조망을 일부 포기해야 하는 것이다. 주방과 거실이 가까이 붙은 구조를 선호하지 않는 이들에겐 탑상형의 구조 자체가 불만이다. 좁은 면적대일수록 이 밀집된 공간감이 두드러진다. 그래서 거실에서 주방이 덜 보이는, 이른바 히든 주방이라는 설계가 적용된 아파트도 있다.

==집의 구조는 취향의 차이이기 때문에 좋다, 나쁘다로 구분하기 어렵다. 다만 문화에 따른 보편적 선호는 존재하며 청약 시장에서도 결과가 그대로 반영되는 편이다.== 당첨을 위해 전략적으로 인기 없는 주택형과 구조에 청약하기도 할 정도니 말이다. 누가 뭐래도 가장 좋은 집은 내가 사는 집이다.

이 주제는 각 구조에 어떤 장단점이 있는지 짚어보기 위해 다뤘다. 최대한 다양한 의견을 반영하기 위해 집코노미 영상에 구독자들이 남긴 평가도 참고했다.

부동산의 운명은 정책이 결정한다고 해도 과언이 아니다. 당장 지을 수 있는 모양과 크기부터 앞으로의 확장성과 방향까지 좌우하기 때문이다. '시장을 이기는 정책이 없다'고 하지만 어디까지나 가격 기준에서 그렇다. 공간은 스스로의 힘만으로 강해지거나 쇠퇴하지 않는다.

분당과 일산의 엇갈린 운명

'천당 아래 분당.' 어감도 잘 들어맞는 이 표현은 1기 신도시인 경기 성남 분당신도시가 어떤 평가를 받고 있는지를 잘 보여준다. 분당은 대대적인 신도시 조성사업의 상징이었고, 지금도 여전히 누구나 입성하고 싶어 하는 곳이다. 하지만 모든 신도시가 분당과 똑같은 평가를 받은 건 아니다. 특히 동기이자 라이벌인 고양 일산신도시 주민들이 곱씹기엔 씁쓸한 말이다.

1기 신도시는 1980년대 후반부터 조성을 시작한 분당과 일산을 비롯해 안양 평촌, 군포 산본, 부천 중동 등 다섯 곳을 말한다. 산업화 시대를 거치는 동안 조성된 도시들이 공업단지의 배후도시였다면, 1기 신도시는 서울에 과밀된 인구를 수도권으로 분산시키는 게 목적이었다. 다섯 도시엔 각기 특성과 방향성이 부여됐지만 자족 기

[도표 4-1] 모델하우스행 셔틀버스를 기다리는 사람들

* 경기 성남 분당신도시 아파트 모델하우스를 찾는 사람들을 위해 건설사들이 서울 양재에서 출발하는 셔틀버스를 제공하고 있다(1987).
자료: 〈한국경제신문〉

[도표 4-2] 서울을 둘러싸고 배치된 1기 신도시들

자료: LH

능이 떨어지는 전형적인 베드타운이라는 점에선 비슷했다.

'성남 아니라 분당 살아요'

분당은 강남으로 몰리는 주택 수요를 흡수하겠다는 목적이 뚜렷했다. 지리적으로 강남과 가장 가까웠고 규모도 특출났다. 분당 서현동에서 강남역까지는 직선거리로 15킬로미터 남짓밖에 되지 않는다. 서울 외곽 웬만한 지역에서 강남역까지의 거리보다 가깝다. 분당의 아파트는 중대형 면적대 비중을 높여 중산층의 이주를 유도했고, 도시의 녹지와 공원 비율을 높여 도심보다 안락한 주거 환경을 조성했다. 분당선(현 수인분당선) 철도를 깔아 서울 접근성도 개선했다. 청계천 철거민 등이 이주해 살던 기존 성남 시가지와는 다른 성격의 도시가 조성된 것이다. '성남 아니라 분당 산다'는 말이 나올 수밖에 없었다.

분당이 아무리 서울과 가깝다지만 주변에 남는 땅이 없는 건 아니었다. 탄천 너머부터 경부고속도로 사이엔 논밭이 들판처럼 펼쳐져 있었다. 훗날 2기 신도시가 되는 이 논밭의 이름은 판교다. 강남 수요를 분산시키기 위해 분당을 개발한 것처럼, 강남과 분당의 가격이 한꺼번에 들썩이자 판교에도 불도저가 드나들었다.

우리 도시보다 서울과 가까운 곳에 새로운 도시가 조성된다는 건 어떤 의미일까? 서울에 의존하고 서울로 향하는 서열이 명확한 구

[도표 4-3] 국토연구원이 경기 성남 판교와 화성 등 2기 신도시 후보지를 발표한 기사

* 2000년 10월 11일 자
자료: 〈한국경제신문〉

조에선 기존 도시의 경쟁력이 떨어질 수밖에 없다. 하지만 분당과 판교의 관계는 달랐다. 상호보완적이다. 판교가 이전까지와는 다른 유형의 신도시로 조성됐기 때문이다.

판교신도시의 면적은 890만 제곱미터로 분당신도시(1,930만 제곱미터)의 절반 크기다. 그런데 주택 수로 비교하면 3분의 1 수준에 불과하다(분당 9만 7,000가구, 판교 2만 9,000가구). 그러면서 도시 북측엔 50만 제곱미터에 가까운 첨단산업단지를 끼고 있다. 지금은 '한국의 실리콘밸리'로 불리는 판교 테크노밸리. 이전까지 한국 벤처의 산실은 강남 테헤란로였다. 하지만 테헤란로에서 성장한 엔씨소프트를 비롯해 넥슨코리아 등이 줄줄이 둥지를 옮기면서 판교 시대를 열었다. 결국 지금은 1,300여 개 기업에 7만여 명이 근무하는 IT의 중심이 됐다.

4장 _ 정책이 바꾸는 입지 | 149

[도표 4-4] 수도권 1기 신도시(녹색)와 2기 신도시(파란색)의 위치

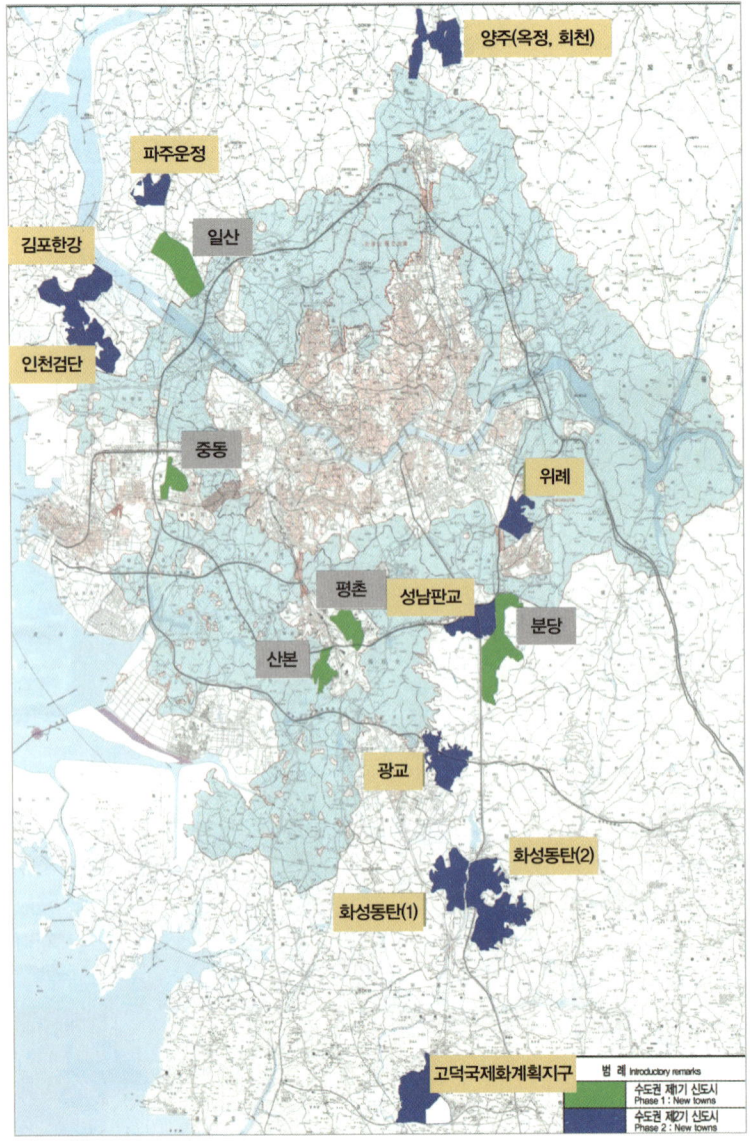

자료: LH

기업들이 모인 덕분에 출근 시간 신분당선 판교역에선 여느 수도권 지하철역들과는 다른 풍경이 펼쳐진다. 서울 방향으로 출근하기 위해 개찰구로 들어가는 사람보다 테크노밸리 출근을 위해 역을 빠져나오는 이들이 더 많다. 오피스빌딩 매매 및 임대 관리를 전문으로 하는 업체들은 판교를 서울 광화문·여의도·강남 다음가는 4대 업무권역으로 분류하기도 한다.

분당 주민들 입장에선 어땠을까. 판교의 입주는 주택 공급 부담을 높이지 않으면서도 자족 기능을 강화해주는 요인이 될 수 있었다. 판교 또한 분당과 긴밀히 연결되면서 입주 초기부터 기존 도시 인프라를 그대로 공유할 수 있었다. 판교 테크노밸리 입주 기업 직원들에겐 분당이 배후 주거지로 활용됐다. 신도시 조성 초기엔 부족하기 쉬운 주거 기능을 분당이라는 원숙한 도시가 채워준 것이다. 2개의 신도시가 경쟁이 아니라 상생하도록 계획이 짜여진 결과다.

'고양 아니라 일산 사는데요'

분당과 판교의 모범적인 사례가 모든 신도시에 적용된 건 아니었다. 1기 신도시 가운데 분당 다음 체급이던 일산신도시는 지리적으로 완전한 대척점에 있었고 걷게 된 길도 달랐다. 물론 출발은 비슷했다. 중산층을 이주시키기 위한 아파트들이 들어섰고 도시는 바둑판처럼 깔끔하게 구획이 나뉘었다. 국내 최대 규모의 인공호수인 일산호수공원을 비롯해 정발산공원 등 자연환경은 오히려 분당보다 뛰어나다는 평가를 받았다. 실제로 일산의 공원·녹지 면적 비율은 23.5%로 분당(19.4%)보다 높았다.

다만 서울과 연결되는 지하철*이 일산 입주 이후로도 한동안 없었다. 서울 지하철 3호선 연장선인 일산선이 개통된 건 1996년이다. 분당선 개통보다 2년 늦은 시점이었다. 현실적으로 신도시 교통망이란 게 제때 개통하기가 어렵다지만 주민들의 불편함은 이만저만이 아니었다. 서울까지 이어지는 간선망이 사실상 자유로뿐이어서 교통 여건은 분당과 비교할 수준조차 되지 못했다.

[도표 4-5] 서울과 일산(왼쪽 위 넓은 택지) 사이에 꽉 들어찬 택지지구

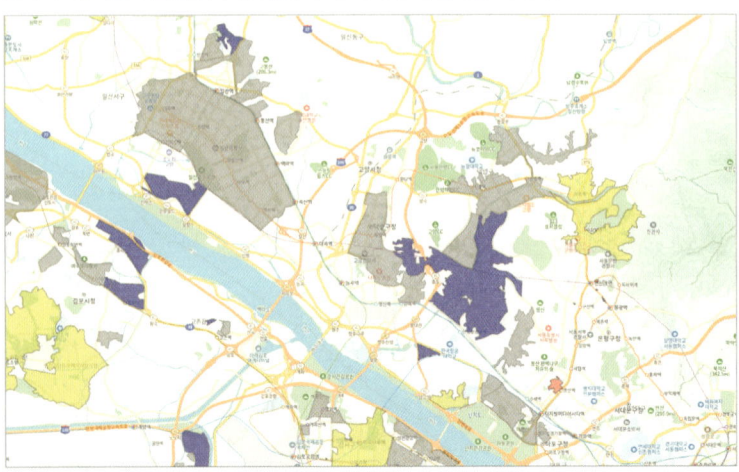

* 회색은 개발이 끝난 택지, 노란색은 개발 중인 택지, 파란색은 개발계획이 수립된 택지를 뜻한다.
자료: 택지정보시스템

★ 지상 구간이기 때문에 정확히는 지하철이 아니다.

교통망은 차차 개선할 수 있다지만 문제는 따로 있었다. 일산과 서울 사이의 땅이 하나둘 개발되기 시작한 것이다. 영원할 것 같던 그린벨트가 차례대로 풀렸다. 행신과 화정 등 원도심 주변에 2010년대까지 삼송지구와 원흥지구, 지축지구가 순서대로 입주했다. 끝이 아니었다. 항동지구와 덕은지구, 여기에 3기 신도시인 창릉신도시 예정 물량까지 더하면 9만 가구가량이 폭탄처럼 쏟아졌다.

이 같은 주택 공급이 일산의 경쟁력을 훼손한 건 그 규모 때문이 아니다. 기능 때문이다. 일산의 자족 기능이 크게 떨어지는 상황에서 서울과 더 가까운 택지가 개발된다면 당연히 그쪽으로 이주하려는 수요가 발생할 수밖에 없다. 아침잠을 5분이라도 더 자기 위해서, 저녁이 있는 삶을 위해서. 앞서 분당은 서울과 더 가까운 판교가 개발됐음에도 오히려 부족하던 자족 기능이 보충됐다. 반면 일산은 베드타운으로서 후속 택지들과 서울까지의 거리를 두고 경쟁했다. 천당 소리가 나올 수 없는 구조였던 셈이다.

이처럼 ==분당과 일산을 비교할 땐 서울로부터의 거리가 아니라 그 도시들이 갖고 있는 자생력을 들여다봐야 한다. 자족 기능이 보충되지 않는 일산은 얼마든지 대체재를 찾을 수 있는 도시라는 게 약점이다.== 일산 주민들이 인근 대곡지구 개발에 기대를 걸고 있는 이유이기도 하다. 일산과 창릉신도시 사이를 개발하는 이 사업은 기존 주변 택지들과 달리 자족용지 비율이 높게 설정돼 있다. GTX-A와 3호선, 서해선, 경의중앙선 등 4개 철도망이 교차하기 때문에 주변 지역의 핵심 거점이 될 것으로 기대를 모으고 있다.

자족 기능의 부재는 일산만의 문제가 아니다. 한국의 모든 신도시가 안고 있는 숙제다. 단지 일산은 시기나 규모 등에서 분당과 비슷하고 함께 출범한 도시라는 기억 때문에 자주 소환될 뿐이다. 물론 30년 뒤의 위상이 크게 달라졌다는 점에서 많은 시사점을 남기는 사례이기도 하다.

자족도시라는 환상

판교신도시 이후 개발된 모든 신도시는 방향성이 비슷했다. 판교처럼 되는 것. 하지만 도시를 만드는 일은 '심시티'나 '시티즈 스카이라인' 같은 게임과 다르다. 구획을 만들어둔다고 모든 게 알아서 이뤄지지는 않기 때문이다.

나도 판교

2018년부터 발표된 3기 신도시 11곳*의 조성 계획엔 공통된 표현이 등장한다. 판교테크노밸리의 1.n배 규모 자족용지를 조성하겠다

> * 3기 신도시 조성 계획이 공개된 이후 발표된 면적 330만 제곱미터 이상의 택지: 왕숙·교산·계양·창릉·대장·광명시흥·의왕군포안산·진안·한강2·지제역세권·세교3지구.

는 내용이다. 자료를 만들 때 '복사-붙여넣기'라도 한 듯 판박이다. 서울에 의존하는 베드타운이 아니라 자급자족하는 도시를 만들겠다는 강력한 의지가 깔려 있는 것이다. 이를 위해 업무용지와 도시지원시설용지의 규모를 도시 전체 면적의 15% 안팎으로 설정했다.

그러나 판교가 자족용지 규모 때문에 성공한 신도시로 평가받는 건 아니다. 도시 면적 890만 제곱미터 가운데 업무시설 및 도시지원시설 용지는 48만 제곱미터에 불과하다. 비율로 치면 5% 수준이다. 3기 신도시들의 자족용지 비율이 두 자릿수를 넘는 것과 비교하면 초라한 수준이다. 성공의 요인이 다른 곳에 있음을 말해주는 숫자다. ==판교는 특화산업을 정하고 용지 분양가를 낮추거나 세제 지원을 하는 등 기업을 유인할 당근을 여럿 준비했고, 입지 경쟁력을 강화할 수 있는 광역교통망도 지속적으로 확충했다. 무엇보다 판교테크노밸리라는 이름을 브랜드화했다. IT 산업이 집약된 혁신적인 산업단지라는 이미지를 각인한 것이다.==

신도시 조성사업에 참여한 도시계획가들의 이야기를 들어보면 기업을 유치한다는 게 말처럼 쉬운 일이 아니다. 개인이 이사를 할 때도 직장과 자녀의 교육 문제 등 따져봐야 하는 문제가 한둘이 아니다. 기업의 이전은 고민의 크기가 수천수만 배일 수밖에 없다. 그래서 확실한 유인이 있어야 한다. 이전해서 새 건물을 짓게 될 땅의 가격이나 세금과 관련한 부분에서 적절한 미끼가 필요하다. 하지만 이 미끼를 잘못 흔들었다가 곤욕을 치르는 실무자들도 있다. 특혜

시비에 휘말려 매일 감사팀 호출을 받는 동료를 보고도 적극적인 유치 영업을 벌일 강심장은 없다.

그래서 가장 보편적인 결말은 자족용지가 골칫거리 빈 땅으로 계속 남아 있는 것이다. 3기 신도시가 발표되던 시점에 수도권 주요 택지지구들의 상황도 비슷했다. 새롭게 자족용지를 조성하겠다는 신도시는 쏟아져 나오는데 2기 신도시의 자족용지들은 아직 팔리지 않아 잡풀만 우거진 상황이었다. 계속 아랫돌 빼서 윗돌 괴는 식으로 서로의 도시에서 기업을 빼 와 돌려막지 않고는 그 넓은 땅을 다 채울 수 없는 지경이었다.

2025년 9·7대책은 자족도시라는 목표가 얼마나 공허한지를 정부 스스로 인정한 대책이기도 하다. 날마다 오르는 서울 집값을 잡기 위해 모든 역량을 동원해 아파트를 공급하겠다는 게 9·7대책의 골자다. 그런데 이 대책엔 오랫동안 방치된 비(非)아파트용지를 주택용지로 전환하겠다는 내용이 담겼다. 여기서 비아파트용지란 주택용지를 제외한 상업용지와 산업용지를 뜻한다. 다시 말해 상업시설과 자족용지라는 의미다. ==말 잔치로 늘어놓은 자족도시라는 공약이 어떻게 베드타운이라는 결말로 끝나는지 정부가 손수 보여주는 대목이다.== 실제로 같은 대책에선 위례신도시에서 오랫동안 팔리지 않은 자족용지를 활용해 아파트를 추가 공급하겠다는 내용도 담겼다. 주제는 '유휴 부지 활용 방안'.

애물단지로 전락한 자족용지는 수도권 외곽 신도시에서 어렵지

[도표 4-6] 2025년 9월 7일 정부 주택공급 확대방안

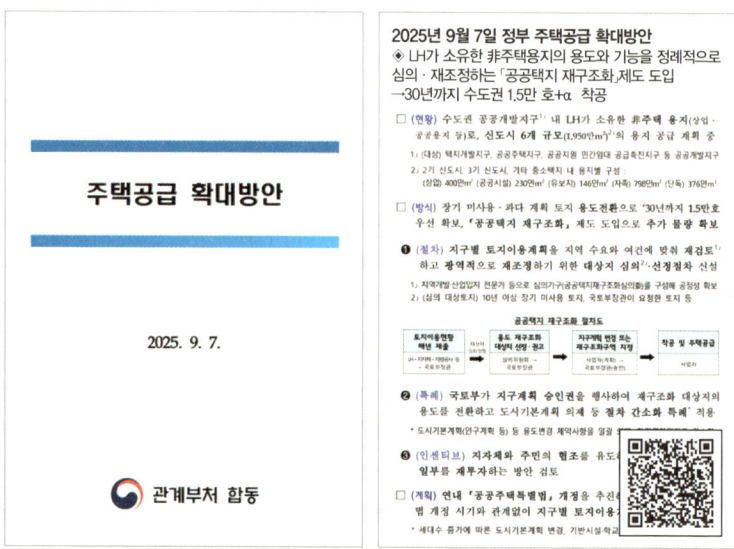

* 정부가 2025년 9월 7일 발표한 공급대책엔 공공택지에서 팔리지 않는 자족용지 등을 주택용지로 전환해 아파트를 신규 공급하겠다는 내용이 담겼다.
자료: 국토교통부

않게 찾을 수 있다. 앞서 언급한 대로 그렇게 방치되다가 지식산업센터로 채워지기도 한다. 아쉬운 대로 기업이 아닌 시행사에 땅을 팔면 그 시행사가 소규모 사무실들을 분양해 팔기 위해 지식산업센터를 짓는 것이다. 문제는 지식산업센터가 사실상 수익형 부동산으로 간주되고 있다는 점이다. 입주할 회사들이 분양받는 사례보다 이같은 법인들에 세를 놓으려는 투자자들이 분양받는 경우가 더욱 많아지고 있다. 이 과정에선 일부 편법이 동원되기도 한다. 지식산업센터엔 입주적합 업종이라는 게 존재하기 때문에 여기 해당하는 업종의 사업자가 아니면 분양을 받을 수 없다. 하지만 투자자들은 여

[도표 4-7] 과잉 공급으로 텅 비어 있는 지식산업센터의 모습

자료: 〈한국경제신문〉 집코노미

[도표 4-8] 지식산업센터 입주 기업을 모집하는 현수막

기에 맞춰 개인사업자로 등록하고 분양을 받은 후 입주하자마자 부동산임대업으로 업종을 바꾸고 세를 놓는다.

물론 건물을 분양하는 시행사도 이 같은 방법을 알고 있다. 오히

려 장려하기도 한다. 투자자들이 많이 모이면 일단 분양까지는 순조롭다. 하지만 입주에 맞춰 세를 들일 회사를 찾지 못해 공실로 방치되는 경우가 많다. 건물 대부분이 비는 경우도 허다하다. 이 같은 건물들이 모이면 땅이 비어 있는 것보다 더욱 을씨년스러운 분위기를 만들어낸다. 자족용지라고 만들어놨더니 투자자들끼리 폭탄 돌리기를 하는 전쟁터가 되는 것이다.

확실한 콘셉트는 기피시설도 잊게 한다

자족도시의 성공 사례가 판교에서 끊긴 것은 아니다. 서울시가 도시개발사업*을 통해 조성한 마곡지구가 있다. 도시 안의 미니 신도시인 마곡은 서울 서남권 지역의 대표적인 업무지구다. 서울에서 마지막까지 논농사를 지었던 곳이기도 하다. 지리적으로는 서울의 한쪽 구석에 쏠려 있어 접근성 측면에서는 단점이 많았다. 하지만 서울시는 이곳을 개발할 때 처음부터 대기업 R&D 중심의 연구단지 조성을 목표로 했다. 단순한 업무용지가 아니라 기업 연구소 집적단지라

---

* 택지개발의 한 방식. 택지조성은 근거법에 따라 사업의 유형을 구분한다. 신도시들의 경우 과거엔 '택지개발촉진법'에 따라 조성됐고 현재는 '공공주택특별법'을 통해 개발이 이뤄지고 있다. 이들 법은 대량의 주택 공급을 위한 택지조성이 핵심이고 공공이 사업의 주체가 된다. 반면 도시개발사업은 '도시개발법'을 토대로 주거시설과 상업·업무시설 등 다양한 시가지를 조성하기 위한 사업이다. 민간 또한 시행자가 될 수 있다는 점에서 공공주택특별법과는 차이가 있다.

[도표 4-9] 산업단지가 도시 가운데에 세워진 서울 마곡지구

자료: 〈한국경제신문〉 집코노미

는 콘셉트를 명확히 한 것이다.

　일반적인 택지개발은 주택 공급이 우선이지만 도시개발사업은 이를 유연하게 조정할 수 있다. 그래서 마곡은 주거 비율이 낮고 전체 땅의 절반가량이 산업 및 업무용지로 배치됐다. 그러면서 정책의 마법이 발현되기도 했다. 지구 중심부의 산업용지들은 단순히 구획상 분류가 아니라 일반산업단지로 지정돼 있다. 산업단지로 지정되면 땅을 개발하는 비용 계산이 일반 택지지구와 달라진다. 도로와 공원, 상하수도 등 기반시설을 만드는 비용 일부를 국가나 지자체가 대신 부담해준다. 토지 조성원가가 내려가는 것이다. 반면 신도시에선 이 같은 비용을 LH가 모두 부담한다. 그 돈은 땅값에 고스란히 더해질 수밖에 없다. 그래서 산업단지는 신도시보다 저렴하게 기업

에 용지를 팔 수 있는 것이다. 게다가 산업단지 입주 기업은 세제 감면 혜택도 받을 수 있다.

그 덕에 마곡은 LG를 비롯해 롯데와 코오롱, 이랜드 등 굵직한 기업들의 R&D센터를 유치했다. 150여 개의 입주 기업 가운데 대기업 계열이 30곳이다. 단일 연구단지로는 국내 최대 규모인 LG사이언스파크는 LG그룹 계열사 연구 인력 2만 명이 모인 시설이기도 하다.

재미있는 점은 마곡 바로 위에 서남물재생센터가 있다는 것이다. 물재생센터는 도시 주민들이 혐오하는 시설 가운데 끝판왕이다. 옛 이름은 하수종말처리장. 마곡 앞마당에 국내 최대 하수종말처리장이 떡하니 있지만 아예 존재를 모르는 이들도 많다. 우선 물재생센터 시설을 지하화하고 지상부를 공원화해 혐오시설의 존재를 가렸다. 그리고 그 주변에 다시 국내 최대 규모 식물원인 서울식물원을 만들었다. 세계적인 건축가 안도 다다오가 설계한 LG아트센터를 비롯해 남다른 건축미를 자랑하는 건물들이 주변에 줄줄이 포진했다. 건축상을 받은 곳도 여럿이라 주변을 걷다 보면 건물들의 생김새만 보게 된다. 물재생센터가 있다는 걸 인지할 겨를조차 없다.

이 같은 측면에서 마곡은 일자리와 거주, 문화가 모두 갖춰진 도시라는 평가를 받는다. 지하철 5호선과 9호선, 공항철도 등 서울에서도 손꼽히는 교통망을 갖춤으로써 한쪽에 치우쳐 있다는 지리적 단점도 극복했다. 상황이 이러니 바로 옆 김포공항조차 건물의 고도 제한과 비행 소음의 원인이 되는 시설이 아니라 언제든 코앞에서 비행기를 탈 수 있는 고마운 시설로 평가가 바뀔 정도다.

결국 도시의 경쟁력은 도시를 만드는 사람들의 의지에 달렸다. 내가 살게 될 집, 세를 놓게 될 집 근처에 기업용지가 마련돼 있다고 해서 그곳에 조만간 기업이 입주할 것이라는 환상은 갖지 말자. 게임처럼 지도에 색칠을 해뒀다고 해서 저절로 공장이 생기거나 빌딩이 올라가는 일은 생기지 않는다.

부동산의 운명을 가르는 정책

부동산의 잠재력은 정책적 선택에 따라 그 크기가 달라지기도 한다. 아무리 좋은 자리라도, 돈이 많이 남을 개발사업이라도 정책을 극복할 수 없다. 모든 장점을 상쇄하거나 모든 단점을 덮어버릴 만큼 강력하기 때문이다. 그래서 정책이 부동산의 운명을 결정한다고 해도 과언이 아니다.

그땐 틀리고 지금은 맞다

부동산 관련 정책은 크게 두 가지 방향성을 지닌다. 재개발·재건축을 포함한 개발사업이 원활히 진행되도록 이를 장려하고 규제를 풀어나가는 방향, 반대로 이 같은 사업이 쉽지 않도록 억제하고 규제를 강화하는 방향이다. 문제는 어느 쪽으로든 일관성이 없고 정치지형에 따라 변하는 경우가 많기 때문에 예측하기 어렵다는 것이다.

서울 도심 한복판에 있는 세운상가와 그 주변 지역은 죽 끓듯 변하는 정책 때문에 시간이 멈춘 곳이다. 일대는 1960년대 한국의 초기 주상복합 단지들로 개발된 이후 몇십 년간 번성했다. 그러다가 1990년대부턴 상권이 쇠퇴하고 건물이 낡아가면서 슬럼화됐다. 자연스럽게 정비의 필요성에 대한 목소리가 높아졌다.

시작은 거창했다. 2006년 오세훈 서울시장은 '한양 도심 재창조'를 내세우며 세운상가 주변 종로3가와 종로4가 일대부터 충무로 주변을 아우르는 43만 제곱미터의 땅을 세운재정비촉진지구로 지정했다. 전면 철거 후 초고층 주상복합 단지와 업무시설로 개발해 한

[도표 4-10] 서울 종로부터 퇴계로까지 이어지는 세운재정비촉진지구의 모습

자료: 〈한국경제신문〉 집코노미

국의 롯폰기힐스로 만들겠다는 구상이었다. 요즘이라면 'K-재개발'로 명명했을 테지만 말이다. 그런데 과거의 '한국판 ○○○' 식 사업은 대체로 용두사미의 길을 걸었다. 세상의[世] 기운이[運] 모인다는 이름대로 될 것 같았지만 사업을 추진하던 시장이 캐삭빵★을 하고 사라질 줄 누가 알았겠는가.

시장만 날아가면 다행이다. 문제는 사람이 바뀌면 정책도 바뀐다는 것이다. 2011년 취임한 박원순 시장은 전면 철거 방식의 재개발을 시대착오적 행정으로 규정했다. 세운재정비촉진지구의 개발 방향도 재개발이 아닌 재생으로 대전환이 이뤄졌다. 여기 맞춰 세운상가는 철거가 아닌 리모델링으로 계획이 다시 수립됐고 주변의 정비 사업들도 대폭 축소됐다. 재개발이 추진 중이던 세운3-2구역에선 서울시가 을지면옥을 보존하겠다는 방침★★을 세우면서 첨예한 대립을 빚기도 했다.

정책이 한 번 뒤집어지는 정도에 그쳤다면 이 책에 싣지도 않았을 것이다. 2020년 박원순 시장의 유고로 치러진 보궐선거에서 오

★ '캐릭터 삭제 내기'를 뜻하는 게임용 은어. 2011년 오세훈 서울시장은 시의회와 대립하던 중 무상급식 단계적 실시와 전면 실시 여부를 주민투표에 부쳤고, 투표율이 33.3%에 미달할 경우 시장직에서 사퇴하겠다고 공약했다. 그해 8월 24일 치러진 무상급식 조례안 주민투표의 투표율은 25.7%에 그쳤고, 이틀 뒤 오 시장은 사퇴했다. 10월 26일 치러진 보궐선거에서 박원순 시장이 당선됐다.

★★ 2018년 세운3-2구역의 재개발을 위해 철거가 진행되던 도중 박원순 시장이 구역 내 노포 을지면옥에 대해 생활문화유산 보존을 이유로 철거에 반대하면서 한동안 사업이 멈췄다. 이후 서울시가 보존 입장을 철회했고, 을지면옥은 철거와 보상 문제로 세운3-2구역 시행사와 갈등을 겪다가 소송에서 패한 뒤 낙원동으로 이전했다.

[도표 4-11] 서울시가 구상했던 세운재정비촉진지구 일대 녹지생태도심

자료: 서울시

 세훈 시장이 화려하게 복귀했다. 서울시의 부동산 관련 정책이 다시 한번 대전환을 맞는 신호였다. 세운재정비촉진지구의 밑그림은 재생이 아닌 재개발로 또 뒤집혔다. 높이 규제와 용적률을 완화하고 해제되거나 표류하던 정비사업을 다시 활성화하는 게 골자였다. 세운상가부터 퇴계로까지 이어진 주상복합 건물들을 단계적으로 철거하고 도심 대형 녹지 축으로 만들겠다는 구상이다. 20여 년 동안 밑그림만 갈아치우는 사이 세운재정비촉진지구에선 쪼개기 재개발과 낡은 상점들의 공존이 이어졌다.

 정책 입안자들이 서로를 지우는 유치한 경쟁은 세운재정비촉진지구에서 끝나지 않았다. 인근 창신·숭인뉴타운도 마찬가지다. 다시 시계를 돌려서 오세훈 시장의 1기 시절로 돌아가 보자. 전임 이

명박 시장은 1~3차에 걸쳐 대대적인 뉴타운 사업을 벌였다. 오 시장은 이를 이어받아 4차 뉴타운을 준비했다. 하지만 사업을 검토하는 것만으로도 집값이 과열 양상을 보였고 이 때문에 오 시장은 4차 뉴타운 지정 계획을 연기했다. 이후 그가 사퇴하기 전까지 지정이 이뤄지지 않으면서 결국 뉴타운 사업은 1~3차에서 끝이 났다. 그런데 오 시장이 4차 뉴타운 사업을 엎기 전에 따로 지정한 뉴타운이 두 곳 있었다. 앞서 짚어본 세운재정비촉진지구와 창신·숭인뉴타운이다.

창신동과 숭인동은 일대 거대한 패션 클러스터의 한 축이다. 이곳의 골목골목에 있는 봉제공장에서 생산된 옷가지들이 동대문 도소매시장에서 유통된다. 하지만 낙산 자락에 걸친 지형 때문에 급

[도표 4-12] 가파른 지형이 특징인 서울 창신·숭인뉴타운

자료: 〈한국경제신문〉 집코노미

경사지가 많고 화장실조차 없는 달동네가 밀집해 주거 환경이 열악하다. 동네 안쪽엔 차가 지나갈 수 없는 골목이 많다. 그나마 차량이 지나갈 수 있는 골목조차 반대편에서 오는 다른 차량과 마주치면 서로가 난감해지는데, 전진도 후진도 쉬운 일이 아니기 때문이다. 오 시장의 구상은 이 같은 창신·숭인뉴타운을 대규모로 개발해 도심 주택 공급 물량을 확보하는 것이었다.

물론 오 시장은 무상급식 투표와 함께 바람처럼 사라졌다. 뒤이은 박원순 시장은 창신·숭인뉴타운에 대해 정반대 색깔의 밑그림을 그렸다. 원주민을 내모는 무분별한 개발을 지양하자는 '뉴타운 출구 전략'이다.

서울시는 재개발사업을 줄이겠다며 정비구역의 해제 요건을 완

[도표 4-13] 창신·숭인뉴타운 통해제 소식을 전한 기사

* 2013년 6월 14일 자 〈한국경제신문〉 1면.
자료: 〈한국경제신문〉

화했고, 결국 2013년 6월 창신·숭인뉴타운을 통째로 해제했다. 개별 구역이 아니라 뉴타운 전체가 해제된 첫 사례다. 그리고 해제된 창신동과 숭인동 일대를 도시재생 선도 지역 1호로 지정했다. 철거를 통해 새 아파트를 짓는 대신 기존 주택의 보수와 마을 기업 육성, 커뮤니티 시설 확충을 지원하기로 한 것이다.

풍운은 끝나지 않았다. 창신동이 벽화로 가득 찰 때쯤 오세훈 시장이 돌아왔다. 10여 년 만에 복귀한 그가 가장 먼저 달려간 곳은 해제된 창신·숭인뉴타운 지역이었다.

그리고 도시재생 사업의 상징과도 같은 벽화를 감상했다. 주거환경 개선이 크지 않았다고 진단한 그는 오세훈표 정비사업에 다시 시동을 걸었다. 그렇게 탄생한 서울시의 신속통합기획 후보지 공모에선 공교롭게도 옛 창신·숭인뉴타운의 숭인1구역이 첫 번째로 접수했다.

세운재정비촉진지구와 창신·숭인뉴타운에서 벌어진 일을 통해 얻을 수 있는 교훈은 개발이나 보존의 당위성이 아니다. 정책 입안자들이 번갈아 서로를 지우며 정치싸움을 하고, 개발과 재생 사이에서 혈세가 공중분해되는 동안 시간이 멈춰버릴 수 있다는 점이다. 어떤 방향이든 정책은 일관성이 가장 중요하다.

문신으로 남은 정책

정책의 방향성뿐 아니라 도시개발과 관련한 여러 가지 규정이 부동산의 운명을 결정하기도 한다. 두 시장의 정치싸움이 벌어졌던 창신동 한복판의 동대문맨션 사례를 보자. 1973년 지어진 이 아파트는 일대에서 가장 눈에 띄는 단지다. 동대문역 대로변과 가까운 데다 낮은 저층주택이 즐비한 주변과 달리 홀로 우뚝 솟은 모양이어서다. 왕년엔 잘나가는 연예인들이 살았다는 소문답게 관리 상태도 깔끔하다. 압구정 현대아파트에도 없는 지하주차장을 갖춘 단지이기도 하다. 50년 전에 지었는데도 말이다.

이렇게 대단한 동대문맨션은 왜 아직도 재건축을 하지 못했을까?

[도표 4-14] 서울 창신동 동대문맨션

자료: 〈한국경제신문〉 집코노미

주민들의 만족도가 너무 높아서 굳이 재건축이 필요하지 않았을 수도 있지만, 추진하고 싶어도 할 수 없는 상황이다. 이미 용적률이 748%나 되기 때문이다. 현행 제도대로라면 3종 주거지에 들어선 이 단지는 용적률 300%에 맞춰야 한다. 용적률 규제가 없다시피 할 때 지은 건물이다 보니 재건축을 하면 400% 이상의 용적률을 깎아야 한다. 땅의 면적은 그대로 두고 건물의 연면적을 줄여야 하는 만큼 가구 수를 줄이거나 집집마다 방의 크기를 줄여야 재건축을 할 수 있다는 얘기다. 강남의 꼬마빌딩* 중에도 이 같은 사례가 많다. 부수고 새로 지으면 신축 건물로 분류돼 강화된 용적률 규제를 적용받기 때문에 골조를 그대로 두고 리모델링만 진행한다. 그래서 오래된 건물을 매입할 땐 용적률 기준이 현행 제도에 맞춰져 있는지를 반드시 검토해야 한다. 신축을 염두에 두고 샀다가 헐지도 못하는 처지가 될 수도 있기 때문이다.

==그렇다면 동대문맨션은 영원히 재건축이 불가능할까? 그렇진 않다. 주변 구역의 재개발에 포함되면 추진할 수 있다. 용적률을 계산할 때 주변 저층 지역과 한꺼번에 계산하게 되기 때문에 동대문맨션이 700%든 1,000%든 이를 나눌 수 있는 것이다. 문제는 그 주변 지역에서 이를 손해로 판단한다면 구역에 끼워주지 않을 수도 있다는 것이다. 서소문아파트의 사례처럼 말이다.==

---

* 주로 5층 이하의 빌딩을 말한다.

도표 4-15의 풍납동 씨티극동은 어디선가 본 적이 있는 독자들이 많을 것이다. 올림픽대로를 지나다 보면 건물을 사선으로 잘라낸 듯한 이 아파트에 눈길이 갈 수밖에 없다. 미끄럼틀이라도 탈 수 있을 것 같은 모양이다. 단지 바로 옆에 풍납토성이 있어서 앙각(仰角) 규제를 적용받은 것이다. 앙각 규제는 문화재에서 주변을 27도로 올려다보며 선을 그었을 때 건물이 그 선을 넘지 않아야 한다는 규정이다. 쉽게 표현하면 높은 건물로 문화재를 가리지 말라는 것이다. 그래서 주변 단지들은 가상의 선에 맞춰 사선으로 층수를 낮췄는데, 씨티극동은 옆으로 뻗은 형태의 단지여서 앙각 규제가 극단적으로 적용됐다. 토성에서 멀어질수록 층수가 높아지는 구조다. 앙각 규제에 걸리지 않는 범위에서 건물을 최대한으로 짓느라 이 같은 모양새가 됐다. 종묘 등 서울 도심 문화재 주변의 건물에서도 앙각 규제

[도표 4-15] 서울에서 가장 독특한 모양의 아파트로 꼽히는 풍납동 씨티극동

자료: 〈한국경제신문〉 집코노미

로 잘린 형태의 건물을 심심치 않게 찾아볼 수 있다.

 문정동 송파파크하비오는 두부를 썰어놓은 듯한 외관이 압도적인 단지다. 송파대로에서 바라보는 모습이 파괴적이기까지 하다. 건물이 그다지 높지 않은데도 시선이 닿는 모든 곳이 흰색으로 빈틈없이 꽉 차 있어서다. 하필 주변에 서울동부구치소가 있어서 외관이 비슷하다는 비아냥을 듣기도 한다.

 문정동 법조타운 개발에 맞춰 조성된 이 단지는 아파트와 오피스텔, 상업시설로 이뤄진 주상복합 단지다. 도표 4-16의 모습은 송파대로 방향에서 보이는 오피스텔 동이다. 이 단지의 상징적인 외관으로 널리 알려졌지만 사실 안쪽에서 바라보면 주민들이 왜 억울하다고 호소하는지 바로 알 수 있다. 대로변 쪽으로 건물을 둘러 벽처

[도표 4-16] 송파대로에서 바라본 서울 문정동 송파파크하비오 오피스텔의 외벽

럼 세웠을 뿐 안쪽까지 건물이 꽉 차 있는 건 아니기 때문이다(도표 4-17). 한글 'ㄱ'이나 로마자 알파벳 'E'를 눕혀놓은 것처럼, 보는 방향에 따라 다른 건물이 되는 셈이다. 물론 대다수는 장벽 같은 모습만을 볼 수 있어서 문제지만.

이 같은 모양으로 지어진 이유는 인근에 서울공항(성남비행장)* 이 있어서다. 공항 근처 건물들엔 고도 제한이 적용된다. 송파파크하비오가 들어선 땅은 상업지이기 때문에 용적률 600%까지 개발할 수 있다. 하지만 고도 제한으로 건물을 높게 올릴 수 없어서 옆으로 뚱뚱하고 꽉 찬 형태가 돼버린 것이다. 이 단지뿐만 아니라 주변의 건물들도 모두 비슷한 모양이다. 다만 송파파크하비오는 외벽 도장이

[도표 4-17] 위성사진으로 내려다본 송파파크하비오의 모습

* 송파대로변으로는 장벽이 세워졌지만 단지 안쪽으로는 비어 있는 걸 알 수 있다.
자료: 네이버지도

★ 군용공항. 서울공항이라는 이름을 쓰지만 행정구역상 성남에 있어 성남비행장으로도 불린다.

흰색인 데다 굴곡이 전혀 없어서 더 장벽 같은 인상을 준다.

단지의 주거 여건이나 만족도는 겉보기완 다르다. 아파트 동은 대로변이 아닌 이면도로를 접하고 있다. 오피스텔 건물이 대로변 소음을 막아주는 방파제 역할을 하는 것이다. 여기에 대규모 상업시설과 영화관, 서울에서 보기 드문 실내 워터파크까지 갖추고 있다. 슬리퍼만 신고 거의 모든 것을 해결할 수 있는 단지다.

이 같은 도시 규제를 피해 간 개발 방식도 있다. 이 책의 첫장에서 짚어본 이문·휘경뉴타운으로 다시 가보자. 일대에서 가장 큰 규모인 이문아이파크자이(이문3구역)가 존재감을 자랑한다(도표 4-18). 모두 4,300가구의 대단지이니 그럴 만도 하다. 외대앞역에 딱 붙어 있는 이 단지는 사실 500미터가량 떨어진 곳에 블록이 하나 더 있다.

[도표 4-18] 서울 이문휘경뉴타운

* 외대앞역 주변 넓은 공터는 이문아이파크자이 1·2단지, 천장산 인근은 3단지가 됐다.
자료: 〈한국경제신문〉 집코노미

역 근처에 1·2단지가 있고, 이웃한 다른 아파트를 지나가면 3단지가 또 나오는 구조다. 지리적으로 떨어져 있는 2개의 아파트가 어째서 하나의 아파트처럼 1·2·3단지로 이어져 있을까.

이문아이파크자이 자리를 재개발할 땐 '따로 또 같이' 방식인 결합 개발이 적용됐다. 외대앞역 인근인 3-1구역(현재 1·2단지)과 천장산역 인근인 3-2구역(현재 3단지)을 하나의 이문3구역으로 묶어 사업을 진행한 것이다. 경희대 뒤편에 있는 이문3-2구역은 천장산 자락에 걸친 데다 근처에 조선왕릉 의릉이 있어 고층 개발이 불가능한 자리다. 앞서 본 송파파크하비오는 허용된 용적률 600%에 맞춰 최대한으로 건물을 짓다가 빽빽해진 구조였지만, 이문3-2구역은 주어진 용적률 170%도 제대로 채우기 힘든 지형 조건이었다. 그래서 여기서 쓰지 못한 용적률을 외대앞역 바로 앞에 있는 이문3-1구역으로 옮겨 고밀도 개발이 가능하도록 한 것이다.

만약 천장산 근처의 이문3-2구역만 별도로 재개발을 추진했다면 사업성 때문에 제대로 진행하기가 어려웠을 것이다. 하지만 이문3-1구역과 운명의 공동체가 된 덕에 사업을 진행할 수 있었다. 이문3-1구역 또한 객식구가 늘었지만 그 덕에 용적률을 인센티브로 얻었다. 서울에서 처음으로 적용된 결합 개발 사례다. 서울시는 여기서 착안해 지역마다 제대로 쓰지 못하고 남는 용적률을 판매할 수 있게 하는 용적률 이양제 도입을 검토 중이기도 하다. 국제뉴스 등에서 종종 접할 수 있는 미국 뉴욕 맨해튼 빌딩의 공중권 거래가 이 같은 개념이다.

이문동에서 멀지 않은 종암동엔 종암SK라는 단지가 있다. 외부에서 볼 땐 이 아파트의 독특함을 눈치채기 어렵지만, 단지 안으로 들어가 보면 바로 알 수 있다. 아파트 건물 여러 동이 원형으로 이어지도록 배치돼 주변을 둘러싸기 때문이다. 단지 중앙에 서서 하늘을 올려다보면 콜로세움 한가운데 선 검투사가 된 듯한 기분이다. 그렇다고 빙 둘러싼 건물이 낮은 것도 아니다. 최고 27층이나 되다 보니 위압감이 보통이 아니다.

이 같은 구조가 된 데는 나름의 이유가 있다. 어렵게 연락이 닿은 종암SK의 설계자는 용적률을 최대한 활용하면서 동 간 거리를 떨어뜨릴 수 있는 유일한 방법이었다고 회상했다. 종암SK가 지어지던

[도표 4-19] 서울 종암동 종암SK 단지 안에서 하늘을 올려다본 모습

자료: 〈한국경제신문〉 집코노미

[도표 4-20] 위성사진으로 내려다본 종암SK

자료: 네이버지도

1999년까지는 별다른 규제 없이 주거지에서도 400%까지 용적률을 확보할 수 있었다. 종암SK는 용적률 369%로 지어진 단지다. 그런데 1,300가구가 들어선 아파트치고는 깔고 앉은 땅이 크지 않은 편이다. 바로 옆 800가구짜리 아파트와 거의 차이가 없을 정도다. 그렇다 보니 아파트를 잘못 배치하면 다닥다닥 붙은 최악의 성냥갑이 될 수밖에 없었다. 설계자가 궁리하다가 낸 아이디어는 원형 배치였다. 이렇게 하면 단지에 들어선 모든 동이 조망과 일조권에서 서로를 간섭하지 않기 때문이다.

이 단지는 독특한 외관 때문인지 영화에도 소개된 적이 있다.[*] 그

---

[*] 최민식과 전도연이 출연한 〈해피엔드〉.

[도표 4-21] 종암SK의 독특한 임대동

자료: 〈한국경제신문〉 집코노미

런데 사실 단지 남동 측에 마련된 임대아파트 건물의 구조가 더욱 특이하다(도표 4-21). 건물 사이사이에 바람길을 뚫어둔 것처럼 생겼다. 자세히 보면 '11'자로 나란히 선 2개의 건물이 구름다리로 이어지는 설계다. 나름대로 공을 들인 구조지만 설계자는 후회했다. 임대동을 독특하게 지었더니 여기서 자라는 아이들이 집에 드나들 때 너무 주목을 받게 되고, 이게 아이들 사이에서 차별로 이어졌기 때문이라고 한다.

경사지에 지어지는 단지들은 페널티가 적지 않다. 우선 대형 아파트 단지를 만들기 위해선 블록별로 계단식 평탄화가 필요하다. 모두 조합원들의 주머니에서 충당해야 하는 공사 비용이다. 평탄화를 이루더라도 블록별 단차가 생기는 건 어쩔 수 없다. 이 과정에서 이

[도표 4-22] 구릉지를 활용해 테라스하우스를 만든 부산 망미동 망미주공 아파트

자료: 〈한국경제신문〉 집코노미

른바 '옹벽 뷰'가 생기기도 한다. 뽑기에서 잘못 걸리면 우리 집 창문을 열었을 때 옹벽만 보이는 것이다.

부산 망미동 망미주공은 구릉지를 활용하다 못해 극복한 사례다(도표 4-22). 언덕배기에 지어진 이 아파트는 대부분 단지가 오르막길을 따라 완만하게 들어섰다. 그런데 수영강 방향의 경사지는 산을 깎고 아파트를 세운 게 아니라 단독주택 형태의 테라스하우스를 만들었다. 계단식으로 조성된 테라스하우스는 우리 집의 옥상을 윗집의 정원으로 내주는 형태다. 대부분 작은 텃밭으로 쓰고 있다. 골목골목이 빨간 벽돌로 예쁘게 채워져 있어 도시 속의 전원 같은 운치다.

테라스하우스가 아닌 아파트로 지어졌다면 어땠을까. 여기서도 옹벽 뷰가 나왔을 것이다. 또 이곳에 지어진 아파트가 뒷동의 조망을 가렸을 게 뻔하다. 앞 동이 테라스하우스로 지어진 덕에 뒷동에선 멀리 광안대교까지 한눈에 들어온다. 아예 조망을 살리기 위해 필로티 구조를 적용하고 주변 어디서든 부산 앞바다가 보이게 설계했다. 재건축단지가 아니라 1987년에 지어진 주공아파트 얘기다. 물론 망미주공의 재건축 계획은 이 같은 장점들을 모두 유지하는 방향으로 짜여 있다. 지형을 극복한 테라스하우스와 탁 트인 조망.

이처럼 자리와 건물의 모양까지 어느 것 하나 사연이 없는 곳은 없다. 분명한 건 저마다 허용된 선 안에서 최대한의 이윤을 추구한다는 점이다. 그리고 어떻게든 룰 안에서 규제를 극복하려 한다는 것. 물론 어디까지나 개발이 가능할 때의 이야기다.

구두 잡화점은 어떻게 프라다가 됐나

아파트 같은 주거용 부동산만 정책에 따라 희비가 엇갈리는 게 아니다. 우리가 일상적으로 돈을 쓰는 식당과 카페, 옷 가게도 마찬가지다. 작게는 상권, 더 크게 보자면 공간이라는 건 스스로의 힘만으로 강해지거나 쇠퇴하지 않는다.

팝업 전쟁터가 된 성수

2025년 겨울 현재, 한국에서 가장 뜨거운 상권은 어디일까? 오래된 구두자재 가게가 명품 프라다 매장으로 바뀌는 곳, 서울 성수동이다. 뜨겁다 못해 터질 지경이어서 주말엔 지하철역 출구를 드나드는 데도 정체가 생길 정도다. 그 덕에 돈 냄새를 맡은 기업들이 몰려들었고 팝업 스토어*의 격전지가 됐다. 전쟁터여서인지 미국 방산 기업 팔란티어까지 이곳에 의문의 팝업 스토어를 차리기도 했다. 많은 해외주식 투자자들을 부자로 만들어준 그 회사 말이다.

사실 성수동을 하나하나 뜯어보자면 조금 무섭다는 생각까지 들 정도다. 부동산의 입지를 평가할 때 가산점이 적용되는 모든 요인을 갖추고 있어서다. 우선 평지인 데다 공원과 한강을 바로 앞에 끼고 있다. 지역 안에도 고급 아파트 단지들이 많은데 최고 부촌인 강남 압구정동을 강 건너 이웃으로 두고 있다. 여기에 지하철 2호선과 수인분당선, 강변북로 등 교통망까지 종횡으로 촘촘하다. 그리고 웬만한 업무지구 못지않게 의외로 일자리가 많다.

이 같은 입지적 여건들이 한 번에 빛을 발한 건 아니다. 사실 성수동은 서울에서 몇 안 되는 공업지대다. 구두나 가방 등을 만드는 소규모 공방이 밀집한 동네였다. 낡은 준공업지역을 정비한 보편적인 모습은 가산디지털단지와 구로디지털단지에 있다. 아파트형 공장이라는 대형 지식산업센터가 빼곡하게 들어차 있고, 그 안에 소규모 사무실이 밀집한 모습 말이다.

하지만 성수동엔 정책적 연금술이 더해졌다. 2005년 조성된 서울숲은 일대를 황금의 땅으로 만들었다. 경마장과 정수장이 있던

---

* pop-up store. 짧은 기간 운영하는 임시 매장. 주로 대형 프랜차이즈 업체들이 마케팅을 위해 이벤트성으로 운영하는 경우가 많다. 소비자들과의 접점을 마련해 브랜드나 신제품을 홍보하는 전략이다.

[도표 4-23] 서울 성수동의 상징인 대림창고와 그 주변의 모습

자료: 〈한국경제신문〉 집코노미

자리가 공원이 되면서 성수동에 대한 인식이 낡은 공장들만 모인 곳이 아니라 한 번쯤 찾아갈 만한 동네로 바뀌었다. 저렴한 임대료를 찾아 성수동 골목골목으로 스며든 카페와 갤러리들은 멋스러운 외관으로 사람들을 끌어들였다. 폐건물의 외관과 골조는 그대로 남기되 내부를 리모델링하는 레트로 열풍의 시작이었다. 대림공장을 필두로 이 같은 공간이 점점 늘어나면서 성수동은 '한국의 브루클린 같다'는 평가를 받았다. 성동구에선 아예 붉은벽돌 지원사업을 벌이기도 했다. 건물을 리모델링할 때 붉은벽돌을 마감재로 쓰면 구에서 일정 비용을 보조해주는 것이다. 고유의 지역색을 유지하기 위해서다.

입소문을 탄 성수동 상권은 점점 확장되더니 서울에서 손꼽히는 힙플레이스가 됐다. 일반적인 상권처럼 저녁과 주말 등 특정 시간

대만 붐비는 데 그치지 않았다. 평일 점심부터 저녁과 주말까지 성업하는 24시간 상권이 된 것이다. 주변의 지식산업센터 덕분이다. 이 책에서 지식산업센터와 관련한 부정적 이야기를 여러 차례 했지만, 사실 성수동은 지식산업센터가 가장 성공적으로 정착한 지역 가운데 하나다. 준공업지역의 업무지역 전환이 성공적으로 이뤄졌고, 수요를 초과하는 공급이 일어나지 않아서다. 지식산업센터에 입주한 기업의 직원들은 성수동 상권의 점심시간대를 책임지는 핵심 소비층이다.

==낡은 건물을 수선한 것만으로 지금의 성수동이 완성된 건 아니다. 주거지의 고급화가 핵심적인 열쇠다.== 서울숲이 조성된 이후 주변엔 공원과 한강을 조망할 수 있는 고급 아파트 단지들이 연이어 들어섰다. 갤러리아포레, 아크로서울포레스트, 트리마제 등이다. 이들 단지는 눈에도 잘 띄어서 존재감이 확실했다. 스쳐보기만 해도 일반적인 아파트보다 뭔가 좋다는 걸 눈치챌 만한 단지들이기도 하다. 여기에 '연예인 누가 산다더라'는 소문은 선망의 아파트, 선망의 지역을 만들기에 충분했다.

고급 주거지 이미지까지 더한 성수동 상권은 해를 거듭할수록 확장됐다. 폐공장들의 건물 구획이 크다 보니 패션 업체나 팝업 스토어들이 들어올 만한 공간이 넉넉했고, 그래서 복합적인 상권으로 변모했다. 예쁜 식당과 카페에서 먹고 마신 뒤 끝나는 정도가 아니라 종일 쇼핑까지 즐길 수 있는 상권이 됐다.

낡은 공장을 수선한 붉은벽돌 건물들만 있는 건 아니다. 건축가의 포트폴리오북을 펼쳐둔 것처럼 대로변엔 멋진 신축 건물들이 꽉 들어차 있다. 실제로 서울시 건축상을 받은 건물도 여럿이다. 글로벌 명품 브랜드인 디올을 비롯해 크래프톤, 아이아이컴바인드, 무신사 등이 새로 지은 숍이나 사옥 앞에선 외국에 온 듯한 착각이 들 정도다. 건물 앞에서 사진을 찍기 위해 줄을 선 외국인 관광객들 때문이다. 독특하고 유려한 건물 외관은 한국인들에게도 생경한 풍경이지만 외국인들에겐 아예 관광 명소가 됐다. 성수동 골목골목의 장소들이 더 이상 '나만 아는 인디밴드' 같은 영역에 머무르지 않음을 보여주는 장면이다.

==성수동의 발전은 아직 몇 개 챕터가 더 남아 있다. 가장 대표적인 게 서울숲부터 한강변을 따라 영동대교 서측까지 이어지는 성수전략정비구역 재개발이다.== 2009년 서울시가 추진한 한강 르네상스 사업은 두 가지 유산을 남겼는데, 하나는 앞서 짚어본 래미안첼리투스이고 나머지 하나가 바로 성수전략정비구역이다. 일대 정비계획의 골자는 한강변의 공공성을 살리는 대신 아파트를 초고층으로 지을 수 있도록 허용하겠다는 것이다. 재개발 과정에서 강변북로에 데크를 씌워 상부를 공원화하고, 이 공원을 시민들이 이용할 수 있도록 개방한다는 계획도 담겼다. 보기만 해도 가슴이 뛰는 조감도는 성수동의 잠재력이 어느 정도인지를 직관적으로 보여준다. 여기에 삼표레미콘 부지 개발계획 등을 설명하자면 이 문단이 너

[도표 4-24] 서울시가 마련한 성수전략정비지구 개발과 수변 공간 활용 방안

자료: 서울시

무 길어질까.

물론 해피엔딩 시나리오만 있는 건 아니다. 부동산 시장에선 성수동 거품론도 솔솔 나온다. 상권의 인기가 높아지면서 임대료가 천정부지로 치솟았기 때문이다. '그 돈이면 강남으로 가고 만다'는 말도 심심찮게 들을 수 있다. 임대료가 거품처럼 부풀다가 공실이 늘어나고, 그러다가 상권 전체가 주저앉는 건 강 건너 압구정 가로수길에서 먼저 경험한 일이다. 업종 내 경쟁도 점점 심해지고 있다. 서울에서 한 해에 가장 많은 커피숍이 생겨난 곳 순위를 매겨보면 항상 성수동이 몇 손가락 안에 꼽힌다. 그런데 몇 잔의 커피와 디저트를 팔아서는 도저히 감당할 수 없는 임대료 선이 있다. 상권이 확장되는 과정에서 원주민들을 밀어낸 젠트리피케이션*이 발생한 것처럼, 새로 들어온 상점들이 다시 떠나는 공동화 현상 또한 나타날 수 있다.

닮은 듯 다른 문래동

성수동과 비슷한 여건이지만 결과가 다른 곳도 있다. 마찬가지로 서울에서 몇 안 되는 공업지대 문래동이다. 성수동처럼 준공업지역이면서 평지에 교통도 나쁘지 않다. 예쁘고 아기자기한 상점들이 골목

---

* gentrification. 낙후된 지역의 환경이 변하면서 임대료 등의 가격이 상승해 원주민들이 다른 지역으로 내몰리는 현상.

[도표 4-25] 작은 골목골목으로 이어진 문래동 상점들의 모습

자료: 〈한국경제신문〉 집코노미

골목 숨어 있는 것도 성수동과 닮았다. 그런데 자세히 들여다보면 대형화된 점포가 없고 유동인구의 수준도 다르다. 문래동과 성수동의 차이는 어디서 비롯될까.

　문래동 상권이 만들어진 배경도 성수동과 크게 다르지 않다. 오래된 철공소들이 떠나간 자리, 빈 건물들을 누군가가 채웠다. 처음엔 예술가들이었다. 홍대입구가 대중적인 상권으로 변하면서 임대료가 오르자 이곳에서 밀려난 이들이 문래동으로 흘러들었다. 작업공간을 찾는 미술가들이나 연습실이 필요한 밴드 등이다. 이들이 자리 잡은 공간엔 문래창작촌이라는 이름이 붙었고, 서울시는 지원사업을 통해 공방의 리모델링과 전시 등을 도왔다. 창작촌과 철공소는 오묘히 결합하면서 독특한 분위기를 형성했고 주변엔 이 분위기를

이어받은 카페와 레스토랑, 펍이 생겨났다.

문래동을 걷다 보면 입에서 쇠 맛이 난다. 아직도 영업하는 철공소들이 많기 때문이다. 지역 고유의 산업이 완전히 무너지지 않고 유지되고 있다는 점은 성수동과 분명한 차이점이다. 철공소들이 크지 않다는 점도 상권의 성격에 큰 영향을 미쳤다. 넓은 부지였다면 대형 프랜차이즈 업체들이 공격적으로 점포를 열었을 것이다. 하지만 소규모 점포를 운영할 수 있는 정도의 크기라 대형화가 제한된 대신 개성 넘치는 카페와 음식점이 주로 들어섰다. 성수동이 패션 업종을 품고 복합상권으로 거듭난 것과 달리 문래동 상권은 업종이 제한될 수밖에 없는 여건인 것이다.

그래서 문래동은 오래 머물기엔 다소 단조롭고 심심하다고 느껴질 수도 있다. 먹고 마시는 것 외엔 즐길 거리가 많지 않기 때문이다. 성수동이 서울숲이나 한강과 연계되면서 다양한 경험을 주는 상권이 된 것과 달리 문래동은 주변에 이어질 만한 콘텐츠가 마땅치 않다. '숨은 그림을 찾고 나면 그대로 놀이가 끝난다'는 평가가 나오는 이유다.

역설적으로 이 같은 점이 문래동 상권을 유지시키는 요인이 될 수 있다. 기업화 또는 대형화되고 너무 많은 사람이 몰리는 순간 예술과 산업이 섞인 문래동의 원래 색을 잃을 수 있어서다. 다만 영등포구에서 역점적으로 추진하고 있는 일대의 정비사업이 변수다. 문래 상권 대부분이 재개발구역의 경계에 들기 때문에 사업이 본격화되면 상권의 운명도 다할 것이다.

 현지 점주들이 가장 겁내는 상황은 철공소의 이주다. 문래동의 상징 그 자체이기 때문이다. 철공소를 수도권 외곽으로 집단 이주시키는 계획은 지지부진한 상황이다. 하지만 이주가 시작되는 순간 흔한 상권들과 다를 바 없어진다는 게 문래동에서 새어 나오는 공포의 근원이다.

상가의 무덤 거북섬

정책의 실패를 보여주는 사례도 있다. 상업시설 공실률이 90%를 넘는다는 경기 시흥 거북섬이다. 한때 죽음의 호수로 불렸던 시화호의 북단에 있는 곳이다. 방조제를 만들고 매립한 땅엔 시흥멀티테크노밸리(MTV)와 인공섬이 조성됐는데, 이 거북 모양의 섬이 거북섬이다. 다른 이름은 '상가의 무덤'.

 목표는 분명했다. 서해안 해양레저의 메카로 만드는 것. 이를 위해 인공서핑을 즐길 수 있는 워터파크와 관상어 테마파크, 배후 상가, 호텔 등이 조성됐다. 주변엔 오피스텔과 아파트 등 주거시설도 공급됐다. 이 가운데 정상적으로 돌아가는 건 딱 두 가지다. 워터파크와 주거시설.

 문제도 분명했다. 교통은 불편하고 배후 수요는 적은데 상업시설 공급이 일시에, 그것도 아주 많이 쏟아졌다. 거북섬 안의 상권은 여

[도표 4-26] 제대로 영업 중인 상가가 드문 경기 시흥 거북섬

자료: 〈한국경제신문〉 집코노미

러 구획으로 나뉘어 있는데 위치와 상관없이 모두 비슷한 상태다. 유령도시처럼 완전히 비어 있다. 그나마 사정이 조금 나은 워터파크 주변 상가도 간판 걸린 점포가 몇 곳 안 될 정도다. 분양가 10억 원대를 호가하던 상가들은 경매로 나와 유찰을 거듭하고, 건물 전체가 통으로 비어 있어서 단전·단수된 곳도 어렵지 않게 찾을 수 있다.

수십 동, 수백 호실의 상가가 지어진 이유는 땅의 용도가 그렇게 돼 있기 때문이다. 시행사들이 거북섬의 토지를 매입하고 상가를 분양해 삽을 뜰 때까지는 이렇게 되리라고 상상도 하지 못했다. 그런데 공급이 한꺼번에 몰리고 수요를 끌어올 요인도 없어 다 함께 주저앉고 말았다. 주변에 주거단지가 없는 건 아니지만 거주민들의 수요를 한참 초과하는 공급이 이뤄진 영향이다. 거북섬 한복판에 인기

많은 워터파크가 있지만 동선이 상권과 연계되지 않는다는 게 주변 상인들의 하소연이다. 워터파크 안에서 식사나 간식을 해결할 수 있는 데다 근처 상가까지 외출하기가 수월치 않기 때문에 주차장에서 자동차를 빼는 김에 아예 멀리 나간다는 것이다. 심지어 야외 워터파크여서 사람을 끌어모으는 것도 여름 한철만 가능하다.

그렇다고 주변에 다른 즐길 거리가 있는 것도 아니다. 시흥시에선 거북섬을 살리겠다고 드론쇼와 공연 등 나름의 볼거리를 열심히 만들고 있지만 모두 일회성이다. 궁극적으로 지역의 수요를 늘리는 방안이 되지 못한다. 관상어 테마파크는 일찌감치 빈 지 오래여서 건물 자체가 관상용이 돼버렸다. 애초에 소비층이 일부 마니아로 한정됐기 때문이다. 이 건물의 상가를 분양받아 식당을 운영 중인 점주는 자신의 일생일대 실수라고 후회했다.

일부 상가에선 수분양자들끼리 십시일반으로 한식뷔페 등의 점포를 운영하기도 한다. 여러 곳에 흩어져 다 같이 망하느니 뭉쳐서 하나라도 제대로 굴리자는 궁여지책이다. 땅을 분양받은 시행사도 난처하긴 마찬가지다. 이젠 상가를 지을 수도 없고 그렇다고 땅을 놀릴 수도 없어서 바비큐장을 만들어 운영하는 사례도 있다. 조금이라도 현금흐름을 창출하기 위한 눈물겨운 노력이다.

성수동과 문래동, 거북섬까지 세 곳의 희비는 상권의 흥망성쇠에 정책이 어떤 영향을 미치는지 여실히 보여준다. ==교통과 지형 등 입지적 잠재력이 큰 지역에선 주변의 개발이 지역의 가치를 높였고,==

비슷한 여건이지만 일대에 뚜렷한 콘텐츠가 없는 지역은 소규모 상권으로 남았다. 반대로 접근성과 수급을 무시한 채 모든 것을 인위적으로 조성하려고 했던 상권은 처참한 결말을 맞았다. 결국 주변과 얼마나 유기적으로 이어져 있느냐가 상권의 생명이고, 정책은 이것을 결정한다.

내가 변한 걸까, 시대가 변한 걸까. 오랜만에 다시 찾은 번화가에서 종종 느끼는 감정이다. 너무 변해서 격세지감이거나, 아니면 그대로다 못해 쇠퇴해버려서 조금 씁쓸하거나. 사람의 물길 따라 변화한 지역들엔 어떤 이유가 있을까.

시대는 기다리지 않고 사람은 떠난다

"친구야, 얼마까지 알아보고 왔는데?"

"너 때문에 옷 다 꺼내놨는데 안 산다고? 형 화날 것 같아."

30대 이상의 독자라면 이 문장들을 읽는 순간 머릿속에서 옛 음성이 자동 재생됐을지 모른다. 어린 시절 친구들과 함께 옷을 사러 들른 상점에서 자주 겪었을 일이기 때문이다. 서울 동대문이 가장 악명 높았다. 물론 동대문으로 한정 지을 수 있는 일도, 옷 가게에서만 일어난 일도 아니다. 야만의 시대를 관통한 그 형(님)들과 언니오빠들은 어디서 뭘 하고 있을까.

한 달 알바해서 살 수 있는 가격이 된 동대문 상가

동대문 일대는 한국에서 가장 거대한 패션 클러스터다. 원단부터 단추 같은 부자재를 한 번에 구할 수 있고, 근처에서 재단과 봉제가 동시에 이뤄진다. 이렇게 만들어진 옷이 새벽 시장에서 도매로 유통되고, 다시 낮 동안 우리 같은 소비자에게 판매된다. 평화시장을 가운데 두고 시계 방향으로 밤 상권과 낮 상권이 번갈아 돌아가는 동안 옷의 디자인부터 제조, 판매가 한 장소에서 모두 이뤄지는 것이다. 앞에서 정책 뒤집기의 사례로 살펴봤던 창신동 일대 봉제공장도 이 산업 생태계의 중요한 축이다.

그런데 자세히 들여다보면 금방이라도 시곗바늘이 멈출 것처럼

[도표 5-1] 한때 패션 성지였던 서울 동대문 일대 의류상가의 모습

자료: 〈한국경제신문〉 집코노미

5장 _ 사람이 바꾸는 입지   199

위태위태하다. 섬유 산업의 경쟁력이 날이 갈수록 떨어지고 있기 때문이다. 애초에 가격으로 중국과 붙어서 이길 수 없는 구조다. 자잿값과 인건비가 높아서 선진국일수록 사양길에 접어들 수밖에 없는 산업이기도 하다. 그나마도 도매는 근근이 버틴다. 어디로든 팔면 되니까. 문제는 소비자를 최전선에서 만나는 소매시장이다.

동대문디자인플라자(DDP) 주변엔 굿모닝시티와 밀리오레, 헬로apM, 두타몰 등 동대문을 상징하는 고층 의류 쇼핑몰이 모여 있다. 우리가 기억하는 그 형(님)들이 전성기를 누리던 곳이다. 백화점 같은 로비를 지나면 칸칸이 구분하기도 모호한 작은 옷 가게들이 모여 있고, 좁은 복도 가득히 진열된 옷 사이로 지나다니면 언제 봤다고 우리를 친구처럼 부르던 곳. 불친절을 겪거나 강매를 당했다는 등의 흉흉한 소문이 많았지만 그래도 늘 사람으로 붐비던 곳이다.

지금은 대부분 비었다. 형(님)들도 없다. 그나마 사정이 나은 쇼핑몰의 공실률이 40% 정도다. 일대에서 신축급에 드는 맥스타일 상가는 공실률이 90%에 달한다. 점포들이 모두 빠져나가 바닥에 남은 구획용 선만 여기가 구분상가*였다는 걸 말해준다. 살아남은 점포끼리라도 상가 활성화를 위해 1층에 모여 있기로 해서 불 꺼진 다른 층은 도심 폐허에 가깝다. 에스컬레이터는 당연히 운행되지 않고 화

---

* 일정 규모로 호실이 나뉘어 구분등기가 가능한 상가. 경계선을 그리고 번호를 다는 대신 점포 사이에 경계벽을 두지 않을 수 있다.

[도표 5-2] 텅텅 빈 동대문 의류상가의 모습

자료: 〈한국경제신문〉 집코노미

장실도 몇 군데로 제한된다. 유지·보수 비용을 한 푼이라도 아끼기 위해서다.

거북섬 상가가 경매를 통해 분양가 대비 10분의 1토막까지 내려갔다면, 동대문 상가는 자릿수의 '0'을 몇 개 지웠다. 중층의 안쪽 상가 한 칸에 160만 원. 한 달만 아르바이트를 해도 경매로 살 수 있을 정도의 가격까지 추락한 셈이다. 물론 낙찰자가 밀린 관리비를 모두 물어야 하는 극단적 사례다. 하지만 동대문에선 이처럼 배보다 배꼽이 더 큰 상가를 어렵지 않게 찾을 수 있다.

소비 패턴의 변화와 상가의 위기

형(님)들은 왜 사라졌을까. 소매 측면에선 산업의 쇠퇴 이전에 소비의 패턴이 변화한 게 결정적이다. 온라인 쇼핑이 활성화되면서 동대문에서 옷을 사려는 동생들이 더는 없어진 것이다. 더 좋은 품질의 옷을 더 싸게, 그리고 형(님)들에게 시달리지 않고 살 수 있기 때문이다. 게다가 요샌 배송까지 빠르다. 여전히 옷을 오프라인에서 사야 하는 동생들에게도 동대문은 선택지에 없다. 비슷한 가격이면 훨씬 짜임새 좋고 컬러와 사이즈 옵션이 다양한 탑텐이나 유니클로 같은 SPA* 브랜드로 간다. 뇌리에 각인된 불쾌한 경험도 동대문으로 다시 발길이 향하지 않게 하는 이유일 것이다.

현지 상인들은 DDP와의 연계를 아쉬워하기도 한다. 나름대로 세계적인 건축가의 유산이지만 동대문과는 따로국밥이라는 것이다. 지역 중심에 있는데도 독특한 외관만큼 복잡한 동선 탓에 접근성이 떨어진다. 전시 공간이 대부분이지만 외부와의 단절이 심해서 주변을 지나다가 우연히 전시를 즐기기도 어렵다는 말이 나올 정도다. 동대문에 부족한 콘텐츠를 DDP가 제대로 채워주지 못하는 것이다.

근래에 대중적 인기가 높은 상업시설은 대부분 대형 복합몰이다. 그냥 백화점 정도로는 살아남을 수 없고 더현대나 스타필드처럼 쇼

---

* Specialty store retailer of Private label Apparel. 중간 유통 단계를 거치지 않아 원가를 절감한 의류 브랜드. 유니클로, 자라, 탑텐 등이 대표적인 SPA 브랜드다.

핑부터 즐길 거리까지 한데 모아놔야 생존을 도모할 수 있다. 함께 방문한 모든 이들의 취향에 맞추면서 하루를 온전히 보내게 하는 형태다. 엄마가 쇼핑을 즐기는 동안 아이는 노는데 이 와중에 아빠까지 만족시키는 공간. 이 같은 점에서 비교하면 동대문이라는 상권은 옷만 슬쩍 보고 떠나야 하는 곳에 가깝다.

그런데 동대문 상가를 하나하나 찾아가 보면 두타에서만 다른 느낌을 받을 수 있다. 일대에서 거의 유일하게 공실 없이 정상 영업을 하고 있는 곳이기 때문이다. 사업자가 건물을 통으로 소유하면서 각각의 호실에 임대를 주는 형태다. 유통 업계에서 가장 중요한 MD(Merchandising), 즉 관리가 가능한 구조다. 고객의 수요에 맞춰 공간이나 진열에 변화를 주고, 때에 따라서는 입점 업체를 조절하는 게 MD의 영역이다. 시류에 맞춘 변화를 유연하게 적용할 수 있다 보니 도떼기시장 같은 다른 건물들과 달리 백화점 같다는 인상을 준다. 실제로 두타는 일대에서 처음으로 가격 정찰제를 도입하고, 일정한 매출을 내지 못한 점포를 퇴출시키는 시스템을 도입하기도 했다.

동대문 상가들의 구조적인 문제가 이 지점이다. 대부분 구분상가다. 한 층에만 소유주가 수십 명이다. 건물이 텅텅 비어서 뭔가로 활용하려면 의견을 모으고 동의를 구해야 하는데 소유주가 너무 많아 매끄럽게 진행되지 않는다. 그렇다고 구조 전환이 쉬운 것도 아니다. 용도를 전환할 때 법률적인 제약도 있다. '집합건물의 소유 및 관리에 관한 법률'은 이 같은 구분점포 형태는 판매시설*로만 활용이 가능하도록 규정하고 있다. 이 법이라도 고쳐줘야 살길을 모색할 수 있지 않겠냐는 게 동대문상인회의 아우성이다.

상황이 이렇다 보니 서울시는 동대문 일대를 정비하는 마스터플랜을 짜고 있다. 지역의 색을 유지하면서 상권을 다시 활성화한다는 원대한 계획이다. 물론 누구나 계획은 있다. 문제는 정비가 한 번에 이뤄지는 게 사실상 불가능하다는 점이다. 보상과 이전 문제로 장기화될 게 뻔하다. 구역별로 진행되는 사업 간에 엄청난 시차가 발생할 수도 있다. 앞에서 살펴본 난장판 세운재정비촉진구역을 또 보게 될 수도 있는 것이다.

시대는 기다리지 않는다

상업시설의 위기가 동대문만의 일은 아니다. 시대는 변했다. 이 흐름에 대응하지 못한 구분상가는 어디에 있든 대부분 비슷한 결말을 맞았다. "손님, 맞을래요?"라는 희대의 발언이 전파를 타면서 전국구로 악마화된 용산전자상가도 마찬가지다. 상인이 화를 내게끔 상황을 유도했고 악의적으로 편집했다고도 하지만, 시청자들이 공분

---

* '건축법 시행령'에서 규정하는 판매시설이란 단순히 물건을 파는 장소라는 추상적 의미가 아니라 도매시장과 소매시장, 식품·잡화·의류·완구·의약품·의료기기 등의 일용품을 파는 상점을 가리킨다.

하는 데는 이유가 있었다. 그곳에서 비슷한 경험을 한 번쯤 해봤기 때문이다.

그 말 때문인지 지금의 용산전자상가는 손님을 맞는 게 어색하다. 사실상 온라인 배송 전용 재고창고로 바뀐 상태여서 택배기사들이 바쁘게 드나들 뿐 컴퓨터 관련 부품을 사기 위해 직접 방문하는 소비자는 많지 않다. 건물 안에 손님보다 상인이 더 많고, 상점에 붙어 있는 '최신 모델'이라는 홍보전단은 대부분 몇 년 전 것이다.

쇠락을 거듭하다 보니 아예 건물을 헐고 새롭게 개발하려는 움직임도 보인다. 복잡한 소유권 문제를 해결한 곳들부터 철거에 나서 오피스와 상업시설이 복합된 건물로 다시 짓고 있다. 나진상가는 여러 개 동이 대부분 철거됐다. 용산전자상가 일대에서 가장 번쩍거리는 드래곤시티호텔도 원래는 그 자리에 있던 터미널상가를 없애고 다시 지은 건물이다. 터미널상가가 "손님, 맞을래요?"의 바로 그 상가다.

용산역과 이어진 용산아이파크몰의 전자상가는 아예 자취를 감췄다. 노트북과 가전제품 등을 파는 점포들이 사라진 자리에는 도파민스테이션이라는 공간이 생겼다. 용산역과 이어진 구조 때문에 스테이션이라는 단어가 붙은 이 공간은 일종의 서브컬처* 체험장이

★   subculture. 주류와 대비되는 소수 문화를 의미하지만 대체로 일본 애니메이션이나 만화, 게임 등 오타쿠 문화를 가리키는 용어로 쓰인다.

[도표 5-3] 용산 아이파크몰 도파민스테이션에 마련된 닌텐도 스토어

자료: 〈한국경제신문〉 집코노미

다. 유명 게임과 애니메이션 관련 콘텐츠를 즐기고 굿즈까지 살 수 있다. 구성이 깔끔하고 품질이 좋아 문을 연 지 50일 만에 방문객 100만 명을 넘겼다. 두타의 사례처럼 쇼핑몰을 운영하는 기업 HDC 아이파크몰이 소유권을 갖고 있기에 가능했던 공간 변화다.

용산전자상가와 어깨를 나란히 하면서 던전*으로 불리던 국제전자센터는 어떨까? 이곳 또한 시대 변화의 직격탄을 맞았다. 전자상가와 핸드폰 가게는 문을 닫은 곳도 어렵지 않게 발견할 수 있다. 하지만 이렇게 문 닫은 점포들의 자리를 중심으로 가챠숍**이 하나둘

---

* dungeon. 온라인 게임에서 몬스터 등 적으로 가득 찬 동굴이나 건물 등의 공간을 말한다. 용산전자상가와 남부터미널 국제전자센터, 강변 테크노마트는 서울 3대 던전으로 불리기도 했다. 전자제품을 사려면 들러야 하는 곳이지만 방문자 경험은 좋지 못한 경우가 많았기 때문이다.
** gacha shop. 뽑기 기계를 들여놓은 점포.

[도표 5-4] 가챠숍으로 바뀌어가는 서초동 국제전자센터

자료: 〈한국경제신문〉 집코노미

생겨나더니 9층은 대부분이 가챠와 피규어를 판매하는 굿즈숍으로 바뀌었다. 온라인에서도 보기 힘든 상품들을 가져다 판매하다 보니 게임이나 애니메이션을 좋아한다면 반드시 들러야 하는 곳이 됐다. 그래서 붙은 이름이 '오타쿠의 성지'다.

3대 던전의 마지막이자 테크노마트의 상징과도 같았던 강변점도 마찬가지다. 저층부마저도 엘리베이터나 에스컬레이터 주변만 성업하고 안쪽의 옷 가게 자리 등은 텅텅 비었다. 상층부의 전자상가도 곳곳이 빈 상태로 시간이 2010년대에 멈췄다. 그나마 공실이 심한 곳들을 합쳐 웨딩홀로 바꾸는 등 상인들이 자구책을 마련한 점이 동대문과 큰 차이다. 전자상가에서 전자제품이 없어지는 게 AI 시대 전자상가의 모습이다.

[도표 5-5] 전자상가 대신 웨딩홀 등의 공간으로 꾸려진 강변 테크노마트

자료: 〈한국경제신문〉 집코노미

    미국에선 이렇게 빈 상업시설을 주거시설로 개조하는 움직임이 활발하다. 뉴욕 등 땅값이 비싼 곳에선 새 건물을 짓는 것보다 기존 건물을 고치는 게 싸게 먹힐 수 있기 때문이다. 한국 또한 주택 공급 대책의 일환으로 도심 상가의 공실을 활용하는 방안을 검토하고 있다. 그런데 내부 공간을 바꾸는 게 그렇게 간단하지만은 않다. 엘리베이터나 화장실의 위치와 숫자, 창문, 냉난방 문제까지 주거시설과는 완전히 다른 관점에서 설계됐기 때문이다. 자칫하면 재건축보다 비싼 리모델링이 될 수 있다. 애써 바꿔놓더라도 수요자 입장에선 일반적인 주거용 건물보다 못한 선택지가 될 수 있다.

    사람들이 더 이상 찾지 않는 공간이 어디인지는 우리가 어떤 것을 온라인으로 해결하는지를 떠올려보면 쉽게 답을 얻을 수 있다.

음식을 시켜 먹거나 간단한 장보기를 할 때, 넷플릭스 같은 OTT*를 통해 집에서 영화를 볼 때, 그 시간들이 쌓이면서 대형 마트나 영화관이 문을 닫는 것이다. 홈플러스 관련 기사에 파산이라는 단어가 따라붙고, 강남의 대형 영화관이 있던 자리가 교회로 바뀌는 것도 모두 이 같은 시대의 흐름이다. 국내 1호 멀티플렉스가 CGV 강변점인데, 공교롭게도 여기가 바로 테크노마트다. 30여 년 전 개점할 땐 최고의 자리였을 것이다. 하지만 이젠 상업시설 자체의 수요도, 영화관 자체의 수요도 걱정해야 하는 처지가 됐다. 이 같은 산업의 생태와 소비 지형의 변화는 상가에 투자하고자 하거나 창업을 염두에 두는 이들에게 분명한 시사점을 남기는 일이다.

---

* over the top. 위성방송이나 케이블방송 등의 공급 형태를 거치지 않고 인터넷을 통해 시청자에게 영화나 드라마 등의 콘텐츠를 제공하는 서비스.

두 도시 이야기

동대문을 형(님)들이 주름잡던 시절 서울의 밤 문화는 홍대입구로 대표됐다. 음악과 예술, 버스킹 같은 낭만이 있었는가 하면 원나잇 스탠딩과 부비부비로 요약할 수 있는 젊음과 자유분방함도 있었다. 그리고 어쩌다 탈선.

똑같은 세월이 지난 홍대입구의 밤은 도태됐을까? 전혀 아니다. 오히려 낮까지 활황인 서울 최고의 상권이 됐다.

대학 상권 아닌 대형 상권이 된 홍대

홍대입구는 이름처럼 대학가 상권으로 시작된 곳이다. 미대가 강세인 홍익대 주변의 작업실과 라이브클럽이 중심이었고 젊음과 예술,

언더그라운드*의 색이 강했다. 인디밴드와 길거리공연은 홍대입구를 상징하는 요소들이었다. 티켓 한 장으로 여러 라이브클럽을 이용할 수 있는 '클럽데이'라는 날이 따로 있었을 정도다. 그러다가 NB를 중심으로 춤추는 클럽들이 생겨나면서 홍대입구는 젊은 층의 유흥과 밤 문화의 중심지라는 색도 갖게 됐다.

==단순한 유흥 상권에 그쳤다면 홍대입구는 다른 흔한 상권들처럼 어느 순간 도태됐을지 모른다. 그런데 2010년 상권의 힘을 증폭하고 생명을 연장할 선물을 하나 받게 된다. 공항철도의 개통이다.== 인천공항과 김포공항을 모두 잇는 이 노선은 외국인 관광객들을 홍대입구로 실어 날랐다. 해외여행을 가면 그 나라에서 가장 뜨거운 상권에 들르듯 외국인 관광객들에게도 홍대입구가 필수 코스로 자리매김한 것이다. 이 같은 수요에 맞춰 게스트하우스나 호텔이 생겨나고 팝업 스토어가 생기는 등 거리의 모습은 외국인 친화형으로 진화했다. 글로벌 대형 프랜차이즈들의 매장이나 플래그십 스토어도 앞다퉈 홍대입구에 자리를 마련했다. 양화로변 고층 빌딩들에 걸린 대형 전광판들은 이곳의 밤을 잠들지 않게 했다. 더 이상 대학가 상권에 머무르지 않고 대형 복합상권이 된 것이다.

지하철 2호선 홍대입구역은 서울의 지하철역 가운데 승하차량 1, 2위를 다투는 역으로 거듭났다. 업무지구로서도 상권으로서도 서울

---

* underground. 주류 미디어 밖에서 자생적으로 형성된 문화. 상업적인 면보다는 자율적이고 실험적인 성격이 강하다. 비주류 문화와 동의어로 쓰이기도 한다.

[도표 5-6] 대형 전광판으로 가득 찬 서울 홍대입구역 주변 모습

자료: 〈한국경제신문〉 집코노미

최고로 꼽히는 강남역보다 많은 사람이 몰린다. 공항철도로 인해 늘어난 외국인 때문만은 아니다. 변화한 상권의 힘이 주변의 다른 지역 수요까지 빨아들인 것이다.

한때 홍대입구보다 번성했던 인근 신촌과 이대역 주변은 좁은 골목 상권에 머무르면서 침체했다. 어쩌면 이곳들을 방문하려 했을 젊은 세대까지 홍대입구로 몰렸다. 그러면서 상권은 광역화됐다. 요즘의 홍대입구는 서교동 주변만을 가리키는 용어가 아니다. 앞서 공부한 연트럴파크가 있는 연남동과 합정동 주변까지 아우른다. 또 망원동과 한강변까지 물 흐르듯 이어지는 거대한 상권의 가운데 홍대입구라는 광역 중심이 세워진 것이다. 사람이 다니는 곳에 길이 만들어지는 것처럼 말이다.

도시의 관문, 서울역

<mark>교통망의 확충, 유동인구의 집중이 반드시 홍대입구 같은 변화를 불러올까? 그렇지는 않다. 사실 홍대입구가 발전한 데는 서울역이 어둠의 조력자 역할을 했을 수 있다.</mark> 공항철도의 종착역이지만 외국인들을 맞이하는 장소로서의 기능은 없다시피 하기 때문이다.

한국철도의 총본산과 같은 서울역은 모든 철도교통이 집중되는 허브다. 앞서 계속 언급한 공항철도부터 지하철, KTX, GTX가 이곳을 향하도록 설계됐고 하루 수십만 명이 서울역에 내리거나 이곳을 거쳐 다른 교통수단으로 갈아탄다.

그런데 서울역 주변의 도시 콘텐츠는 거의 없다시피 하다. 우선 역사를 나서면 전면부부터 답답하다. 넓지도 않은 광장은 상설 무대다 싶을 정도인 종교집회와 노숙자들의 술판으로 꽉 찬다. 이쪽을 지날 때 풍기는 막걸리 냄새가 서울역의 시그니처다. 역의 전면부는 옛 대우그룹 본사인 서울스퀘어 등 육중한 건물들로 시야까지 막힌다. 반대편인 서부역 쪽으로 나가면, 이제야 재개발을 시작하는 노후 주거지와 이어진다. 서서히 확충되고 있다지만 주변에서 이용할 수 있는 대형 상업시설은 민자역사*를 개발할 때 욱여넣은 마트와

★ 2000년대 들어 KTX를 도입하면서 고속철도에 맞게 역사 신축도 속속 이뤄졌는데, 이때 비용을 아끼기 위해 민간사업자에게 역을 짓게 하는 대신 상업시설 등의 운영권을 부여했다.

[도표 5-7] 서울역 주변의 모습과 옛 대우빌딩인 서울스퀘어

자료: 〈한국경제신문〉 집코노미

아울렛이 전부다. 이게 수도 서울의 관문 풍경이다. 이 같은 여건에선 상권의 활력을 기대하기 어렵다. 다시 말하자면 일상적으로 찾기엔 매력적이지 않은 거리다. 그래서 서울역은 많은 유동인구에도 불구하고 최종적인 목적지가 아니라 광역교통의 허브로서만 기능한다. 홍대입구와 달리 즐거운 경험을 파는 장소가 아닌 것이다.

물론 서울역의 존재 이유 1순위가 교통 거점 역할이다. 상업 및 문화 기능은 부차적일 뿐 이 지역에 대한 밑그림을 그릴 때 우선 고려돼야 하는 사항은 아니다. 다만 홍대입구의 변화에 대해 '왜?'라는 질문을 던졌을 때 서울역과 비교해보면 이해하기가 쉬워진다. 사람이 많이 모이는 곳은 교통망뿐 아니라 거기서 이어지는 상호작용을 봐야 하기 때문이다.

리단길의 두 얼굴

사람이 많이 모이는 인기 상권의 척도는 뭘까? 뚜렷한 기준이 존재하는 건 아니지만 최근 들어선 '○리단길' 형태의 이름이 붙으면 어느 정도 보증수표라고 볼 수 있다. 적어도 예쁜 식당과 카페, 걸을 만한 거리, 사진 몇 장 남길 만한 감성을 품고 있기 때문이다.

리단길의 탄생

리단길의 시초는 서울 이태원 경리단길이다. 해방촌 초입의 국군재정관리단 옆에서 그랜드하얏트호텔까지 이어지는 언덕길을 부르는 이름이다. 재정관리단이 군의 경리 업무를 보는 부대, 즉 경리단이었기 때문에 부대 옆 샛길에도 경리단길이라는 이름이 붙었다.

딱딱한 이름에 감성이 붙게 된 건 2010년대 들어서다. 인근 한남동과 이태원 상권의 임대료가 오르자 조용한 주택가였던 경리단길의 도로변이 하나둘 상가로 바뀌었다. 상대적으로 임대료가 저렴한데다 대형 상업시설이 들어오긴 어려운 규모여서 작은 점포 단위의 청년 창업이 이어졌다. 이곳에 생겨난 수제맥주 펍과 브런치 카페, 와인바, 이국적인 레스토랑은 금세 입소문을 탔다.

SNS를 타고 확산된 경리단길의 성공은 유사한 리단길을 만들어내며 각지의 골목 상권을 브랜드화했다. 부대 이름인 경리단에서 유래했기 때문에 'ㅇ리단길' 식 작명은 말도 안 됐지만 망리단길, 중리단길, 송리단길, 용리단길이 우후죽순으로 생겨났다. 성수동과 연남동의 성공이 리단길 현상보다 늦었다면 성리단길과 연리단길이 됐을지 모른다.

리단길 상권의 공통된 구조는 작은 점포와 개성 넘치는 콘텐츠다. 한 건물에서 1차부터 3차까지 부어라 마셔라 할 수 있는 먹자골목 식 술기운 진득한 구성이 아니라 골목골목 예쁜 가게를 찾는 재미다. 낡은 상가 건물을 리노베이션*한 식당이나 카페는 특유의 정취 덕에 공간의 불편함마저도 불쾌하지 않은 경험으로 다가온다. 옆 손님과 너무 붙어 앉게 돼 정작 누구와 대화하고 있는지 모르겠다거나 화장실 이용이 민망한 점, 연습장 같은 곳에 도무지 뭐

★ renovation. 낡은 건축물을 헐지 않고 부분적으로 보수해 활용하는 것.

라고 쓰여 있는지 모르겠는 메뉴판. 대형 프랜차이즈였다면 클레임을 걸 만한 일들이 용서되기도 한다. 경험의 장소여서 그렇다. 사진도 잘 나오고.

한국경제신문사 인근의 중리단길도 마찬가지다. 중림동의 행정명에서 이름을 딴 이곳은 서울역고가를 공원화한 서울로7017 프로젝트에 맞춰 변화한 곳이다. 이전까지는 고가도로 램프 아래의 음침한 거리였고 자동차공업사와 화물운송 업체들이 모인 거리였지만 주변 콘텐츠가 바뀌자 예쁜 식당이 즐비한 거리로 빠르게 상업화됐다.

비교적 초기 단계인 삼각지역 주변의 용리단길은 앞으로가 더욱

[도표 5-8] 서울 용산 삼각지역 인근 용리단길의 모습

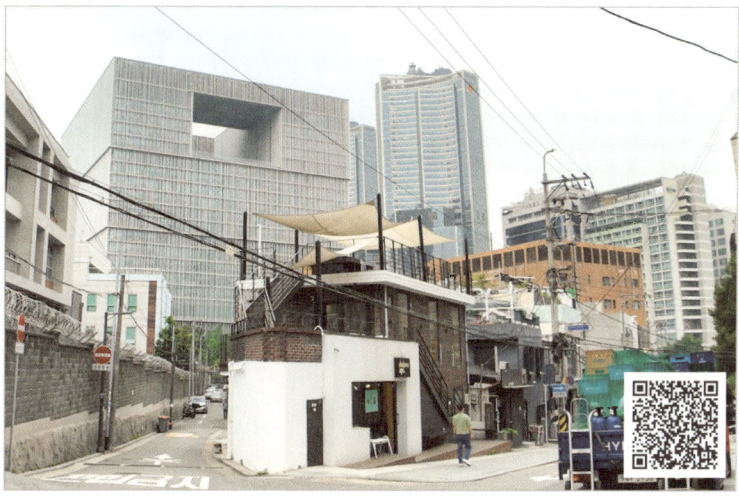

* 용리단길 뒤편으로 용산의 개발을 상징하는 아모레퍼시픽 사옥과 래미안용산센트럴 건물이 보인다.
자료: 〈한국경제신문〉 집코노미

기대되는 상권이다. 평지에 격자식 거리 구조여서 이른바 힙한 상가들이 밀집할 수 있기 때문이다. 서울 최중심부여서 교통 여건이 좋은 데다 용산아이파크몰과 전쟁기념관 등 상권 주변의 콘텐츠도 풍부하다. 그러면서 주변 상권과는 결이 다르다. 용산국제업무지구와 용산공원 조성이 끝나면 더 많은 사람이 찾을 만한 장소로 기대를 모은다.

두 개의 씨앗

리단길의 태동이었던 경리단길은 지금 어떤 모습일까. 유튜브의 '망한 상권' 탐방 시리즈엔 빼놓지 않고 등장할 정도로 텅텅 비어 있다. 이곳에 상권이 뿌리를 내릴 수 있었던 딱 한 가지 이유, 주변보다 저렴한 임대료라는 조건이 없어졌기 때문이다. 경리단길 상권의 성장은 역설적으로 일대 상가들의 임대료를 끌어올렸고 결국 버티지 못한 점주들이 연달아 문을 닫았다.

소비자 입장에선 어차피 비슷한 상권이 도처에 널려 있기 때문에 아무 데나 들르면 그만이다. 경리단길뿐 아니라 모든 유행 상권에 공통으로 적용되는 이야기다. 상권이 지나치게 소비 트렌드에 의존하고 고유의 특색이랄 것도 없기에 흥망성쇠의 패턴까지 닮아갈 수 있는 것이다.

리단길의 2번 타자 격이었던 망원동 망리단길은 존폐의 기로에

[도표 5-9] 재개발 바람이 불고 있는 망원동 망리단길 주변의 모습

자료: 〈한국경제신문〉 집코노미

놓였다. 일대에 재개발 바람이 불고 있어서다. 망원동 주변은 한강 르네상스 사업이 한창이던 2000년대 후반부터 유도정비구역으로 지정되며 재개발이 추진됐지만 잘 풀리지 않았다. 그렇게 시간이 멈춘 사이 망원동을 남북으로 관통하는 포은로변을 따라 경리단길 감성의 점포들이 들어섰다. 시간이 지나면서 제법 인기 있는 상권으로 자리 잡았다.

앞선 사례들에서 짚어봤지만 개성 있는 상권이 잉태되는 조건은 저렴한 임대료다. 임대료가 저렴하다는 이야기는 지역이 쇠퇴한 상태, 상권으로서는 사실상 멸망한 상태여야 한다는 의미다. 그런데 이 같은 쇠퇴는 필연적으로 또 다른 씨앗을 싹틔운다. 재개발이다.

망원동에선 재개발을 해야 한다는 움직임과 망리단길을 지켜야

한다는 목소리가 부딪히고 있다. 이제 와 충돌하는 것 같지만 사실 두 씨앗은 비슷한 시기에 뿌리를 내렸다. 상인들 입장에선 생업을 포기해야 하는 만큼 재개발 이야기가 달가울 리 없다. 재개발을 추진하는 주민들 입장에선 대로변 상가들 때문에 20년 이상 뜸들인 주거지 정비가 막히는 것이 억울하다. 그렇다면 상권이 뜨면서 임대료를 한껏 올려받고 있는 건물주들 입장에선 어떨까? 재개발 논의 자체가 황금 알을 낳는 거위의 배를 가르는 일처럼 느껴질 수밖에 없다. 결국 망원동 일대가 잡음 없이 재개발을 진행하려면 경리단길 같은 또 한 번의 쇠퇴가 진행돼야 하는 셈이다.

용산역 남측의 상권엔 여러 가지 모습이 담겨 있다. 한강대로 서측으로 한 블록만 들어가면 넓은 평지에 깔끔하게 구획된 주거지가 나온다. 과거 일본이 철도관사 등으로 쓰던 지역이다. 여기저기 옛 건물들이 남아 있고 전반적으로 1970~1980년대에 시간이 멈춘 듯한 모습이다. 물론 외관만 그렇다. 최근엔 용리단길에서 확장한 카페와 음식점들이 성업 중이다. 지금까지 짚어본 가장 중요한 요소, 저렴한 임대료 덕이다. 7~8년 전만 해도 거의 쓰임이 없던 건물들은 이제 SNS에서 어렵지 않게 찾을 수 있는 맛집으로 변모했다. 서울 도심에서 없어져야 할 시설물쯤으로 치부되던 철길 건널목은 일대를 상징하는 사진 명소가 됐다. 인스타그램 등에서 유명한 백빈건널목이다.

이곳의 이름은 용산정비창전면1구역이다. 망원동처럼 이제 막 재

[도표 5-10] 재개발사업이 진행 중인 용산정비창전면1구역의 모습

자료: 〈한국경제신문〉 집코노미

개발을 하니 마니 하는 수준이 아니라 시공사까지 선정하고 열심히 사업을 진행 중이다. 그렇다면 앞으로는 어떻게 될까? 재개발사업의 최대 복병으로 꼽히는 상가가 성업 중이기 때문에 이주와 철거를 두고 상당한 진통을 겪을 가능성이 크다. 그렇게 소모되는 시간은 모두 조합의 비용이다. 물론 보상도 비용이다.

소비자의 관점이 아니라 부동산 시장 참여자의 관점에서 이 글을 다시 읽어본다면 여러 가지 이해가 충돌한다는 점을 알 수 있다. 임대인 입장에선 상권이 안정적으로 성장하길 원하고 그만큼 임대소득이 불어나길 기대한다. 하지만 개발을 바라는 이들에게 상권의 성장은 개발의 걸림돌이다. 재미있는 건 이 둘이 같은 지점에서 출발한다는 것이다.

6장

다시 태어나는 입지, 도시가 만들어지는 배경

도시를 하나 새로 만들 땐 어떤 과정을 거치고, 어떤 고민을 할까? 또 그렇게 만든 도시들은 어떤 숙제를 남겼을까? 서울 강남 주변 그린벨트 해제와 2기 신도시 개발 과정을 통해 그 생각을 들여다본다.

도시가 될 곳은 정해져 있다

집값이 오를 때 정부가 쓰는 정책 카드는 두 가지로 구분된다. 대출 규제 등 수요를 억제하는 방법과 공급을 늘려 수요를 충족시키는 방법이다. 그런데 공급 정책은 물리적인 시간이 필요하다. 땅을 확보하는 것부터 건물을 짓는 데까지 10년이 안 걸리면 다행이다. 그래서 기왕 하는 김에 아예 공급량을 크게 늘리는 편인데, 이때 동원되는 게 신도시 개발 같은 택지개발이다. 문제는 서울 주변에 남은 땅이 많지 않다는 점이지만.

최후의 보루, 그린벨트

1장에서 짚어본 대로 지역과 가격엔 서열이 존재한다. 그래서 과열

된 집값을 잡을 때도 이 서열의 고리를 이용해야 한다. ==서울 강남의 집값을 잡으면 다른 지역의 가격은 알아서 눌리는 식이다. 그런데 강남 주변엔 남은 땅이 거의 없다시피 하다. 공급으로 집값을 누르려면 없는 땅을 만들어내거나 엄청난 재건축을 통해 새집을 몇 배로 찍어내야 한다.== 다만 재건축은 사업 진행 과정에서 기존 주택들의 가격도 올려버린다는 부작용이 있다. 그래서 강남 집값 잡기는 정권을 막론하고 수요 억제에 방점을 찍는 편이다.

주택을 대량으로 공급하려는 시도가 없었던 건 아니다. 아주 오래전의 1기 신도시 분당과 이후 2기 신도시 판교가 강남을 겨냥해 만들어졌다. 2010년대 들어 조성된 세곡동과 내곡동, 자곡동 일대 보금자리주택도 마찬가지다. 보금자리지구들은 강남 코앞의 그린벨트를 풀어 아파트를 지었다는 점에서 상징성마저 있었다.

수도권 그린벨트는 신도시를 지을 때마다 조금씩 해제된다. 달리 말하면 집값이 오를 때마다 그린벨트 해제가 검토된다는 얘기이기도 하다. 훼손이 심한 곳을 푼다지만 그래도 나름대로 후세에 물려줄 최후의 보루이기에 막무가내로 풀지는 않는다. 3기 신도시도 모두 서울의 경계 바깥이었다. 그러다 정부는 2024년 8·8대책에서 서울 안에 있는 그린벨트 해제를 예고했다. 대상지 발표까지는 3개월 가량이 걸렸지만 현장을 다녀보고 면면을 들여다보면 신규 택지가 어디일지는 사실 답이 뻔했다.

도시가 될 곳

답을 같이 풀어보자. 서울의 그린벨트는 149제곱킬로미터가량인데 대부분이 산이다. 북한산과 도봉산 등이 면적 대부분을 차지한다. 시가지 안쪽까지 그린벨트로 지정된 곳은 사실 그리 많지 않다. 특히 한강 이북 지역은 도시 형성의 역사가 긴 만큼 산골짜기 골짜기마다 이미 주택이 가득 들어차 있다. 아파트를 지을 만한 대규모 부지도 거의 없다.

한강 이남까지 통틀어 가장 대규모로 주택을 공급할 수 있는 그린벨트는 김포공항 주변이다. 문제는 항공기 운항의 안정성에 우려가 생길 수 있다는 점과 거주민들이 소음에 시달릴 수 있다는 점이다. 그리고 이 부지의 적정성과 관련해 불거질 사회적 논란을 감당할 용기가 있느냐다.

강남을 겨냥한 주택 공급이라면, 아니 정확히는 강남에 입성하고 싶어 하는 수요를 적당히 만족시킬 대체지 발굴이라면 당연히 강남 주변에서 땅을 찾아야 한다. 이런 논의가 있을 때마다 항상 거론되는 곳이 올림픽선수기자촌 뒤편 방이동 땅이다. 선망의 단지 바로 옆이어서 자리도 좋고 땅도 넓다. 다만 이곳은 생태경관보전지역이어서 활용할 수 있는 땅이 많지 않다. 송파구 또한 이 자리에 한국예술종합학교를 유치하는 게 목표다. 지역 주민들은 새 아파트가 들어서는 걸 반대할 게 뻔하다. 실제로 정부가 발표한 후보지들 가운데

[도표 6-1] 연두색으로 표시된 서울 강남 주변의 그린벨트

자료: 브이월드

많은 곳이 지자체의 반대에 부딪혀 제외됐다.

사실 주변엔 후보지가 한 곳 더 있다. 서울은 아니지만 사실상 서울 같은 하남 감북동이다. 오래전 보금자리지구로 지정됐던 곳이기도 하다. 하지만 주민들 반대에 부딪혀 보금자리지구 지정이 해제됐고, 그 결과 길 건너편 감일지구는 아파트가 됐지만 감북동은 여전히 비닐하우스나 작은 공장으로 방치돼 있다. 그린벨트도 듬성듬성 해제돼 사실상 개발제한구역으로서의 의미가 없을 지경이다.

신도시 얘기가 나올 때마다 우선 검토되는 것으로 알려진 곳이지만 항상 비껴가는 곳이기도 하다. 서울과 맞붙어 있는 데다 주택이나 공장 등으로 개발이 활발했던 탓에 보상비가 무지막지하기 때문이라는 전언이다. 주민들 사이에선 목소리가 갈린다. 보상이 터무니

없을 것이기 때문에 개발을 막아야 한다는 이들과 개발을 할 수 있을 때 해야 한다는 의견이 양립한다. 마을회관에서 만난 한 노인은 굳이 배웅을 나오면서 조심스럽게 과거의 일이 후회된다고 털어놓았다. 택지개발을 반대했다가 교통도 불편하고 편의시설도 없는 도시 속 섬에 갇혀버렸다는 것이다.

내곡IC 주변에 있는 예비군훈련장 두 곳도 택지개발 단골손님이다. 지도에 나오지 않기 때문에 정확한 위치를 모르는 이들도 많지만 헌인마을 남서 측과 서울시립 어린이병원 남측에 각각 예비군훈련장이 있다. 헌인마을 남서 측의 예비군훈련장과 주변 마을은 지대가 살짝 낮은 편이고, 어린이병원 남측 예비군훈련장은 사실상 산 위에 있다.

[도표 6-2] 서울 내곡동 예비군훈련장 주변 그린벨트에 세워진 경고문

자료: 〈한국경제신문〉 집코노미

그런데 지형적인 조건을 차치하고 이들 지역이 택지가 될 수 없는 이유는 간단하다. 길 건너편에 이름을 적을 수 없는 보안시설이 있기 때문이다. 아파트촌 한복판에 이 시설이 존재한다는 것도 말이 안 된다. 마찬가지 이유로 헌인릉 주변도 그린벨트를 풀어서 개발할 수 없다. 보안시설 출입문과 아예 이어지는 지역이어서다. 이 시설의 이름은 책에 적을 수도 없다. 과거 남산에 있던 시절엔 물고문도 많이 했다던 그 기관이다. 주변에 가보면 스마일 그림과 함께 친절한 안내문구가 적혀 있다. '촬영하지 마세요.^^'

이렇게 강남 주변의 그린벨트를 동에서 서로 훑다 보면 마지막 남는 곳이 내곡보금자리지구 건너편 논밭이다. 이곳에 들러보면 지금까지 살펴본 곳들과 마찬가지로 그린벨트로서의 효용이 거의 다 한 지역이라는 걸 알 수 있다. 지형적으로 대단지 아파트를 세울 만한 땅 모양이 나온다는 것도 공통점이다.

그러나 분명한 차이점도 있다. 주변 지역과 긴밀히 연결된다는 것이다. 길 하나를 사이에 두고 내곡지구와 마주 보고 있다. 시가화된 도시와 접한다는 건 택지조성 초기에 발생할 수 있는 많은 단점을 상쇄할 수 있는 부분이기도 하다. 새 택지조성이 완료되기 전까지 학교와 편의시설, 교통 측면에서 기존 시가지에 기댈 수 있기 때문이다. 그러다가 새로운 택지의 개발이 끝나면 기존 시가지와 맞닿아 도시의 기능이 더욱 강해진다. ==최근의 신도시 개발 또한 완전히 동떨어진 섬 같은 도시를 만들기보다는 기존 시가지를 확장==

[도표 6-3] 2024년 정부가 공개한 서울 그린벨트 해제 대상지 서리풀지구에 대한 안내

참고 2   신규택지 지구별 현황 및 교통개선 방향

1   서울 서리풀

❶ 현황

☐ **(위치)** 서초구 원지동, 신원동, 염곡동, 내곡동, 우면동 일원

☐ **(면적/호수)** 221만㎡ (67만평), 2만호

☐ **입지여건**

   ㅇ 서울 중심부(서울시청) 약 15km, 강남도심(강남역) 약 5km 이내에 위치하고, 서울시 동남측에 위치하여 성남시, 과천시 경계와 접함

   ㅇ 신분당선(청계산입구역), GTX-C(양재역) 등 철도교통과 경부고속도로(양재IC·선암IC), 분당내곡도시고속도로(내곡IC), 강남순환도시고속도로 등 도로망과 인접하여 교통여건 매우 우수

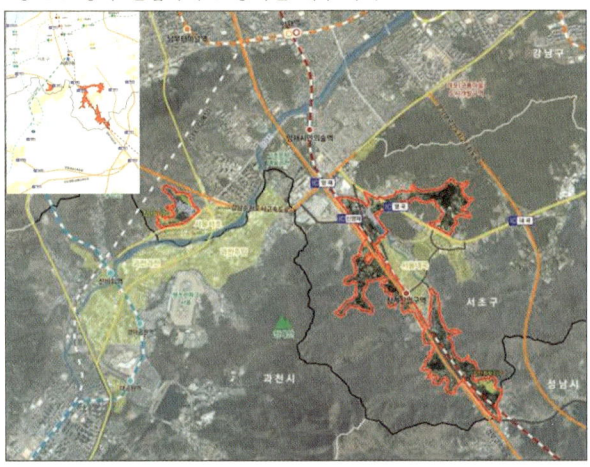

자료: 국토교통부

==할 수 있거나 신도시끼리 연결될 수 있게 하는 쪽으로 방향이 잡히고 있다.==

8·8대책 발표 3개월 후 공개된 그린벨트 해제 대상지는 서리풀지구였다. 앞서 언급한 내곡지구 건너편 논밭과 일대의 이름이 서리풀지구다. 정부가 이곳을 선정한 이유는 간단하다. '서울 중심부 및 강남 도심과 가깝고, 신분당선(청계산입구역)과 GTX-C(양재역) 등 철도교통과 경부고속도로와 분당내곡도시고속도로, 강남순환도시고속도로 등 도로망과 인접해 교통 여건이 매우 우수하다.'

새롭게 택지를 조성하면 그곳에 살게 될 주민들을 위한 교통망이 필요해지는데, 정부는 되도록 돈을 두 번 쓰고 싶어 하지 않는다. 그래서 기존의 도시와 연결하고, 기존의 교통망에 걸치는 방향으로 설계할 수밖에 없는 게 새로운 도시 개발의 방향이다.

동탄 오디세이

새로운 도시의 입지가 선정되는 배경을 함께 짚어봤다. 그렇다면 새 도시의 밑그림을 그리는 이들은 어떤 고민을 하고, 나중에 어떤 후회를 할까? 또 그 도시에 사는 사람들은 무엇을 느낄까?

부동산을 담당하는 기자라면 한 번쯤은 가져봤을 법한 근원적 궁금증이다. 유튜브 집코노미 채널을 운영하면서 운 좋게도 다큐멘터리 제작을 통해 그 답을 들을 수 있었다. 2기 신도시의 시작과 끝이었던 동탄1·2신도시 조성에 대한 뒷이야기였다. 펜기자였다면 엄두도 못 냈을 10개월짜리 기획을 통해 장관과 국회의원, 도시계획가와 시민까지 다양한 이들을 만났다. 그리고 이들의 이야기가 이어지게끔 하나로 엮었다. 2024년 〈한국경제신문〉 창간 60주년과 집코노미 6주년을 맞아 제작한 다큐멘터리 〈동탄 오디세이〉를 아래에

[도표 6-4] 〈동탄 오디세이〉 타이틀

자료: 〈한국경제신문〉 집코노미

글로 옮긴다.*

최문수 _ 전 한국토지공사 동탄사업본부장

우리나라엔 택지개발이라는 개념이 없었어요. 과거엔 구획정리사업으로 구시가지의 도로를 넓히고, 넓힌 곳에 도시를 짓는 일을 쭉 해왔죠. 그러다가 '택지개발촉진법'을 만들어서 일괄 매입 방법으로 도시를 조성했습니다. 1기 신도시를 조성하면서 전국에 200만 가구를 짓는다고 하니까 '내 땅은 뺏기고 다른 사람들이 와서 살게 됐다'는 논란이 생겼어요. 그래서 YS 정부 들어서면서 준농림지를 개발하라는 방침을 세웠고, 준농림지를 개발하게 됐죠. 도시와 농지의

---

　　* 여러 직함을 가진 인터뷰이의 경우 이야기하는 내용에 가장 적절한 직함을 달았다.

중간 성격을 띠는 땅이 준농림지입니다. 지금 우리가 시골에 내려가면서 볼 수 있는 나홀로 아파트들이 그때 나오게 된 거예요. 아주 잘못된 정책입니다. 경부고속도로를 따라서 이런 준농림지 개발이 포도송이처럼 무임승차를 해나갔어요.

김현수 _ 단국대학교 도시계획부동산학부 교수

그래서 나온 것이 용인에 있는 수지나 동백, 죽전 같은 1만 가구짜리 주거지입니다. 1만 가구짜리 신도시는 GTX라든가 조 단위의 기반시설을 부담하기 어렵지 않습니까? 1만 가구가 부담하는 것과 10만 가구가 부담하는 건 완전히 다르니까요. 준농림지 문제가 터지면서 다시 난개발 방지 대책에 대한 여러 가지 토지이용 규제 강화 대책이 나오는데, 결국은 '개발 수요를 긍정적인 방향으로, 계획적으로 수용하는 방향이 대규모 택지 공급이다'라는 것으로 의견이 모입니다.

==그래서 수요 억제와 공급 확대라는 동전의 양면이 필요하다는 걸 인식하고 다시 공급 확대 정책을 펴기 시작한 게 동탄1신도시입니다.== 그땐 난개발을 방지해야 한다는 요구가 아주 강력했어요. 그런데 난개발 방지라는 것이 개발을 억제하는 것으로만 되는 게 아니죠. 개발이 안 되면 공급도 아예 안 되니까. 따라서 한편으로는 난개발 억제를 위한 규제도 강화하지만 한편으로는 공급을 확대하는 정책을 함께 펴게 됩니다.

송종현 _ 당시 〈한국경제신문〉 한국토지공사 출입기자

당시 대부분 언론에선 화성신도시라고 썼어요. 그때 마침 화성이라는 명칭이 이슈가 됐는데, 봉준호 감독의 영화 〈살인의 추억〉이 개봉한 해였기 때문입니다. 당시 토지공사 홍보 담당자가 화성 연쇄살인사건(이춘재 연쇄살인사건) 얘기를 하면서 '이 지역의 부정적 이미지를 개선하기 위해서 앞으로는 '화성 동탄 택지개발지구'로 명기하려고 하고, 궁극적으로는 동탄신도시라는 이름으로 바꿔나가려고 한다'라며 그게 마케팅 포인트라고 강조했습니다.

최문수 _ 전 한국토지공사 동탄사업본부장

동탄이라는 이름의 유래는 이렇습니다. 동북면과 어탄면이 지금 동탄신도시지구 내 행정명이었어요. 그럼 동북지구라고 할 수도

[도표 6-5] 동탄신도시 지명의 유래

자료: 〈한국경제신문〉 집코노미

없고 어탄지구라고도 할 수 없고…. 지역명에 대해서는 굉장히 민감하거든요. '그래서 동과 탄을 따서 동탄지구로 하자'라고 중지가 모였죠.

이창무 _ 한양대학교 도시공학과 교수
　　　　　한국토지공사 사전연구용역 담당

1기 신도시 중에 가장 성공적이라고 얘기할 수 있는 분당신도시의 규모도 10만 가구가 안 되는 수준이거든요. 화성 동탄1신도시는 기본적으로 몸집이 크니까 어느 정도 흡입력을 유지할 수 있는 규모로 시작됐다는 게 가장 큰 차이입니다. 1기 신도시들이 건설됐지만 그게 자족 신도시의 역할을 못 하고 베드타운의 역할을 한다는 비판이 굉장히 강했거든요. 서울시청과 화성 동탄신도시는 거의 40~50킬로미터 떨어져 있을 거예요. 아무래도 서울과의 연결성이라는 게 좀 더 약해져서 자족적인 신도시가 만들어질 거라는 기대 속에서 화성 동탄신도시의 입지와 규모가 선택된 거죠.

최문수 _ 전 한국토지공사 동탄사업본부장

다핵도시는 그 핵이 중심입니다. 거꾸로 얘기하면 서울로의 길이 열리면 서울이 블랙홀처럼 다 빨아들이게 돼 있습니다. 그러면 어떤 도시든 간에 거의 서울의 베드타운 역할을 하게 돼 있어요. 그래서 자족도시 개념은 그 도시 안에서 이루어지게끔, 고의는 아니지만 단

[도표 6-6] 동탄신도시의 출발점, 삼성전자

자료: 〈한국경제신문〉 집코노미

절이 우선입니다.

<mark>동탄신도시의 출발은 삼성전자예요. 과거엔 공식적으로는 말씀을 못 드렸지만 우리 머릿속엔 그게 있었죠. 처음 계획 당시도 도면을 보면 아시겠지만 삼성전자 주변을 블록아웃시켰거든요.</mark> 그게 지금의 삼성전자고, 돌이켜서 얘기한다고 하더라도 그 삼성전자가 모태화되지 않았다면 동탄신도시는 저렇게 활성화되지 않았을 거라고 저는 생각합니다.

김현수 _ 단국대학교 도시계획부동산학부 교수

동탄신도시는 삼성전자가 그 무렵에 메모리 반도체 공장을 적극적으로 키우던 시기여서 상권과 커뮤니티를 형성하는 데 상당히 큰 도움이 됐습니다. 분당·일산신도시는 자족용지라는 것이 없지 않습니까? 그땐 그 생각을 못 했습니다. 1기 신도시를 개발하고 나서, 2기 신도시 때부터 자족성이 없이는 어렵다는 반성 때문에 자족용지를 만들었는데…. 사실 사람이 이사할 땐 통근이나 쇼핑이라든가, 아이 통학 문제만 보면 되죠. 그런데 기업이 움직일 땐 산업 생태계라든가 종사자의 커뮤니티 문제라든가 굉장히 복잡합니다.

==기업을 유치하는 가장 좋은 전략은 사실 토지 가격입니다. 땅값을 낮춰주는 거죠. 도심융합특구, 기회발전특구, 투자촉진지구 등 기획재정부나 국토교통부에서 하는 여러 가지 균형발전사업엔 원가를 낮추거나 기업의 부담을 낮추기 위한 조세 감면 혜택이 있습니다. 그런데 2기 신도시는 수도권 택지다 보니 그런 조건이 없었어요.== 그래서 기업을 유치하기가 쉽지 않죠.

> 어려워도 누군가는 해야 하는 일이다. 우리가 오래전 만났던 남자는 자족도시 동탄의 성공을 자신하면서 가족과 함께 이사를 오겠다고 약속하기도 했다. 분당부터 세종까지 평생 신도시 외길을 걸었던 그를 18년 만에 다시 만났다.

김종원 _ 전 한국토지공사 화성사업단장

거의 10년 넘게 살았죠. 지금까지 계속 살고 있으니까. 저도 처음엔 도시개발자로서 왔거든요. 와서 보니까 주변이 너무 좋은 거예요. 옆에 산도 있고 물도 있고…. 환경이 좋아서 '그래 나는 여기 살겠다,

내가 만든 도시에서' 이런 차원에서 자신 있게 살겠다고 한 거죠.

처음에 오면 사업지구 경계에 깃발로 말뚝을 박아요. 그리고 걸어서 돕니다. 저는 이틀이 걸리든 사흘이 걸리든 다 밟아봤어요. 그럼 '저 산은 없어지는구나', '저걸 깎아서 이쪽으로 상품화하면 되겠구나' 하고 알게 됩니다.

사실 개발사업에 참여하다 보면 거기서 추억이 생깁니다. 무슨 얘기냐면 교량 하나를 설계해도 어디서 베끼는 게 아니거든요. '이 교량을 아치형으로 할까, 현수교로 할까', '오산천을 어떻게 개발할까' 다 심사숙고하고 결정하는 것이거든요.

최문수 _ 전 한국토지공사 동탄사업본부장

하천의 물 흐름을 그대로 끌어들였어요. 과거에 오산천을 중심으로 동서로 흐르던 천들이 있었는데 거의 살렸어요. 그리고 도시 경관계획을 처음으로 도입했죠. '교량 하나를 놓더라도 그 도시와 어우러지게 놔라.' 그래서 도시 경관계획이라는 것이 동탄1 신도시에서 처음 도입됐어요. 자전거 전용도로 또한 최초로 도입한 곳이죠.

김종원 _ 전 한국토지공사 화성사업단장

이 도시의 하나하나를 다 알고 있어요. 잘못된 부분까지 다 알고 있습니다. 아마 여기 와서 보셨을지 모르겠지만 도로가 환상형이에요. 곡선으로 돼 있거든요, 전부. 그 덕에 집중력은 있는데 앞의 시야가

[도표 6-7] 동탄1신도시의 상징이자 단점으로 지적된 환상형 도로 구조

자료: 〈한국경제신문〉 집코노미

가립니다. 도로가 뻥 뚫려 보이지 않고 건물들이 가리는 구조예요. 도로는 다 넓지만 곡선이라서 시각적으로 더 좁게 느껴지죠.

최문수 _ 전 한국토지공사 동탄사업본부장

지금 동탄1신도시를 보시면 환상형 도시로 돼 있습니다. 반원으로 돼 있거든요. 왜 반원이겠어요? 동탄1·2신도시를 하나로 통합해야 반원이 아닌 동심원의 도시가 되는 도시였기 때문입니다. 도시계획가의 최초 구상은 '동탄1·2신도시를 통합해서 하나의 도시화를 하자'라는 개념이었습니다.

김종원 _ 전 한국토지공사 화성사업단장

여기가 거의 준농림지였어요. 시골이었어요. 화성시가 넓긴 넓어도 도시화가 집중된 데가 없었거든요. 그래서 부지가 상당히 넓은데 인

[도표 6-8] 반석산을 가운데 둔 동탄1신도시의 반원 모양의 도로

자료: 〈한국경제신문〉 집코노미

구 유입에 자신이 없었어요, 사실은. 서울 사람이 와야 하는데 서울 사람들이 오기엔 너무 멀고, 주변에 수원 등의 지역 사람들을 이쪽으로 유입시키기엔 경제적이나 모든 면에서 그렇게 자신이 없었고. 그런 점에서 규모 면에서 굉장히 고심하다 좀 축소한 거죠.

> 하지만 도시가 원래의 계획대로 다시 확장되기까지는 그리 오래 걸리지 않았다. 버블세븐*은 신도시라는 단어를 다시 신문 1면으로 끄집어냈다.

이용섭 _ 전 행정자치부·건설교통부 장관

당시 저는 행정자치부 장관을 하고 있었어요. 참여정부 시절 집값을 잡기 위한 마지막 구원투수로 제가 차출된 거죠. 2006년 11월 23일,

---

* 2006년 강남·서초·송파·목동·분당·용인·평촌 등 7개 지역의 집값이 폭등한 현상.

아직도 그날을 기억하는데, 국회 예산결산특별위원회가 열리고 있었습니다. 예결위에 참석 중이었는데 제 수행비서가 와서 "박남춘 청와대 인사수석이 급하다고 전화를 받으라고 합니다"라고 얘기하더라고요. 그래서 밖에 나가 받아보니까 '대통령께서 건설교통부 장관으로 가도록 발령을 낸다'는 얘기를 하더라고요. 당시 집값이 워낙 크게 상승해서 사회문제화됐기 때문에 '아, 이건 부동산 시장을 안정시키라는 대통령의 강력한 의지구나'라고 받아들였고 부담감도 매우 컸죠.

국회 인사청문회를 끝내고 2006년 12월 11일 발령장을 받았습니다. 그때 대통령께서 짧게 제게 이런 말씀을 하시더라고요. "이 장관, 너무 힘든 일만 시켜서 미안합니다." 그 정도로 당시 집값 상승이 매우 큰 문제였습니다.

제가 건설교통부 장관으로 가기 직전인 2006년 11월 15일, 정부가 11·15대책을 발표했습니다. 대책에 '내년 상반기 중에 분당급 신도시를 발표하겠습니다' 이런 내용이 들어갔습니다. 서울에 건설하면 가장 효과적이긴 한데 서울엔 땅이 없습니다. 그리고 또 어떤 문제가 있었냐면 수도권 내에서 균형발전이 매우 중요했습니다. 서울에만 모든 기능이 집중되다 보니 서울에 있는 인구와 주택 수요를 어떻게 하면 수도권으로 분산시켜서 균형발전을 가져올 수 있느냐, 이런 점을 고려해서 '분당급 신도시'를 동탄2신도시로 발표했죠. 그런데 동탄신도시를 비롯한 2기 신도시는 서울 중심부에서 30

킬로미터 밖에 있습니다. '접근성이 떨어지기 때문에 수도권 집값 안정에 별로 도움이 되지 않을 것이다' 이런 비난이 있었습니다. 그런데 저는 그렇게 생각하지 않았습니다. 거리보다는 기능이 중요하다고 생각했죠.

김현수 _ 단국대학교 도시계획부동산학부 교수
동탄2신도시계획조정위원회 자문위원

2000년대 초기부터 한국의 IT 산업 경기가 활성화되니까 삼성전자 반도체를 중심으로 화성 인근에 공장들이 들어서기 시작합니다. 그뿐 아니라 그 지역은 기존 전통 제조업들이 빼곡하던 지역이었어요. 이런 공장들을 집단화 정비하는 작업도 함께하게 됐죠. 그러면서 그 지역 중심으로 굉장한 산업 입지와 주택 수요가 발생했습니다. 그래서 1기 신도시의 평균 규모인 '1,000만 제곱미터, 5만 가구'와 비교하면 동탄1·2신도시를 합쳐 '3,300만 제곱미터, 15만 가구'라는 역대급 규모의 신도시를 건설하게 됐죠. 당시 공급했던 신도시 중 가장 먼 거리에 있습니다.

최문수 _ 전 한국토지공사 동탄사업본부장

처음 지구지정을 할 당시에도 외투(외국인 투자) 기업들이 존치를 원하고 있었어요. 경기도에서 새롭게 외자 투자를 유치한 기업들이 있었고, 또 기업들이 활동한 지가 얼마 안 됐어요. 그런 공장과 기업들의 상황을 고려해 우리가 어떤 선을 따라 지구지정을 하기는 힘들었어요. 그래서 일단 포괄 지구지정을 하고 전체 단지 계획에 어울리지 않는 기업은 사업시행 과정에서 정리를 해보자는 게 처음부터 기본 개념이었습니다.

상당한 시간이 걸렸어요. 공장마다 돌면서 개개인을 다 만났고, 또 의견도 물어봤고. 처음엔 한 80% 정도가 존치해달라고 그랬어요. 그래서 첫째는 의견을 다 존중해줬어요. 일일이 상의를 한 거죠. '이러이러한 이유로 존치가 불가능하다' 그렇게 결정을 했고, 이전하는 기업을 위해서 산업단지를 조성해줬습니다. 경부고속도로를 지나가다 보면 한미약품 연구소가 보입니다. 그걸 볼 때마다 '아, 그때 정말 존치를 잘했구나' 하는 생각이 들어요.

동탄1·2신도시 통합 개발을 못 한 기본적인 사유도 경부고속도

[도표 6-9] 경부고속도로 지하화의 대안으로 제시됐던 우회로

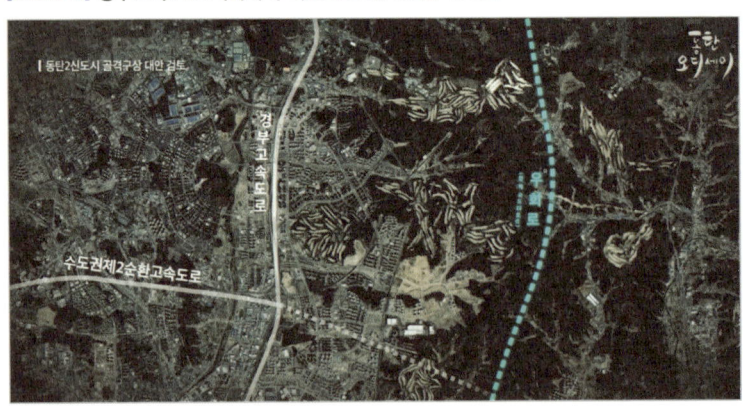

자료: 〈한국경제신문〉 집코노미

로로 인한 단절입니다. 처음엔 모든 구간 지하화를 검토했죠. '동탄 1·2신도시를 당초 계획과 같이 동심원의 도시로 만들기 위해선 경부고속도로를 지하화하는 게 가장 좋은 방법이다.' 문제는 비용입니다. '그렇다면 두 번째 방법은 우회해보자.' 리베라CC 동쪽으로 우회하면 고속도로가 직선화가 될 겁니다. 제 기억으로는 오산IC에서 기흥IC까지 직선화가 됩니다. '직선화가 되면 도시 끝으로 고속도로가 지나가기 때문에 이것도 좋은 방법이 아니다.' '접근성이 한쪽으로 치우치기 때문에 도시개발엔 상당한 부담이 있다.' 그런 과정에서 지하화가 최고의 방법 아니냐고 생각했던 거죠. 한국토지공사 혼자의 힘으로는 불가능했기 때문에 일단은 차후 계획으로 두고 1단계를 개발하면서 2단계 개발 시에 고려해보자고 남겨놓은 겁니다.

> 미뤄뒀던 계획은 마침내 현실이 됐다. 동탄1·2신도시 사이를 가로막던 고속도로는 땅속으로 묻혔고 덮개를 씌운 자리엔 공원과 복합시설을 만들기 위한 공사가 시작됐다. 교통·업무·편의·문화시설을 집중시키는 광역비즈니스콤플렉스는 앞으로 두 도시의 거대한 중심이 될 곳이다.

김현수 _ 단국대학교 도시계획부동산학부 교수
동탄2신도시계획조정위원회 자문위원

동탄1신도시 개발을 처음 시작할 땐 사실 GTX 같은 고속열차가 없었습니다. 중간에 만들어졌죠. 지금은 이를 위한 복합환승센터를 만들고 있습니다. 이게 기반시설의 입체화입니다. 경부고속도로 동탄 신도시 구간이 지하고속도로로 들어가고 상부는 지상화 공원이 되는 기반시설의 입체화죠. 그리고 신도시의 면적이 3,000만 제곱미터 규모이기 때문에 GTX 총사업비의 40% 정도 되는 8,000억 원을 부담할 수 있었던 겁니다. 이런 건 상당히 벤치마킹할 만하다고 생각을 하고요. 25년 전에 처음 동탄1신도시 개발을 시작했을 땐 이런 세계를 상상하지 못했죠.

최문수 _ 전 한국토지공사 동탄사업본부장
안타까운 게 당초엔 이런 그림을 그렸는데, 제가 이때만 해도 농지에 엄청 신경을 썼어요. 신도시를 조성할 때 농지를 없애면 다른 곳에 그만큼의 농지를 만들어야 했거든요. 그런데 대체농지를 지구 안에

[도표 6-10] 자하화가 완료된 경부고속도로 동탄2신도시 구간

자료: 〈한국경제신문〉 집코노미

[도표 6-11] 대체농지이자 완충농지로 기획됐던 동탄2신도시 여울공원 일대와 도면(왼쪽)

자료: 〈한국경제신문〉 집코노미

 만들려고 하니 만들 자리가 없고 돈이 많이 드는 거예요. 그래서 여기를 보면 동탄1·2신도시의 가운데가 대체농지입니다. 도면을 보시면. 이때 고민을 무지 했거든요. '동탄1·2신도시를 연담화하면 여기가 코어존인데 이게 농지로 유지가 되겠느냐, 여기가 중심인데.' 결국은 '다른 곳에 대체농지를 마련할 방법이 없으니 여기에 대체농지를 조성하고 고속도로는 지하화를 하지 말고 그냥 두자. 그러면 소음을 줄일 완충녹지가 되지 않느냐'라는 것이 제 생각이었어요.

 그게 동탄1·2신도시를 통합하지 못하게 한 요인이 될 수 있어요. 이때 제가 한국토지공사 전략실장을 맡았을 때입니다. 도시계획가들이 저한테 "당신 평생 후회할 거야"라고 말했었죠…. 이게 최고로 안타까워요.

6장 _ 다시 태어나는 입지, 도시가 만들어지는 배경 247

신도시 주민들은 어떻게 느끼고 있을까?

이지운 _ 동탄2신도시 거주

아뇨, 저는 너무 좋은 것 같아요. 어느 날 제가 서울에 갔는데 공기가 너무 다르다는 느낌을 받았어요. 도시에 있다가 시골에 가면 '공기가 맑다'는 얘기를 많이 하잖아요. 동탄신도시는 시골이 아니지만 마치 시골처럼 공기가 정말 깨끗해요. 그래서 오히려 '나는 서울로는 못 가겠다'라는 생각이 많이 들어요.

저는 화성 출신은 아니고 회사가 이쪽으로 이전해서 따라왔어요. 삼성전자를 다녔거든요. 예전엔 동탄이라고 하면 시골이라는 이미지가 강했어요. 그래서 서울에 계신 분들은 '동탄이 어디야?' 하고 묻는 분들이 많았거든요. 그런데 지금은 동탄이라고 하면 '아, 거기

[도표 6-12] 동탄역 주변에서 본 동탄2신도시 전경

자료: 〈한국경제신문〉 집코노미

도 가볼 만해', '거기도 살 만해' 이런 반응이 나오는 곳으로 많이 바뀐 것 같아요.

안윤정 _ 동탄2신도시 학원 운영

저는 동탄2신도시에 거주지를 먼저 마련해두고 용인 죽전에서 학원을 운영하고 있었어요. 죽전 지역은 아이들이 많이 줄더라고요. 너무 많이 줄어드는 와중에 동탄2신도시는 반대로 아이들도 많고 여러 가지 여건이 학원을 운영하기엔 최적의 장소여서 옮기게 된 거죠. (다른 지역은) 학교의 학급이 줄어요. 그리고 유치원이 없어져요. 죽전에 몇 년씩 대기해야 들어갈 수 있던 유치원이 있었는데 그 유치원이 없어지더라고요. 동탄2신도시 아이 엄마들 말을 들어보면 '매일 학급과 학교를 계속 늘리는 게 일'이라고 해요. 그게 동탄으로

[도표 6-13] 전국과 화성시의 인구 성장

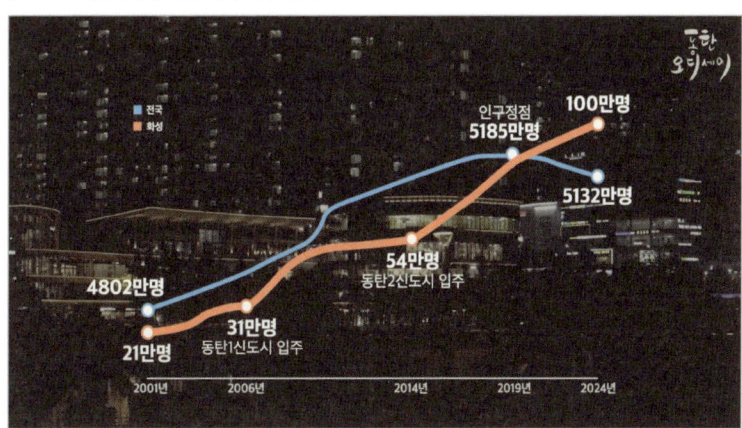

자료: 〈한국경제신문〉 집코노미

온 이유였어요.

> 이지운 씨와 안윤정 씨 같은 사람들이 하나둘 동탄신도시로 모이면서 화성시의 인구는 급성장했다. 2001년 시로 승격될 당시만 해도 21만 명이었는데 어느새 100만 명이 됐다. 전국 인구가 감소하는 와중에도 꾸준히 늘었고, 마침내 다섯 번째 특례시가 됐다.

김현수 _ 단국대학교 도시계획부동산학부 교수

동탄1신도시 개발을 시작한 지 이제 25년이 됐습니다. 요즘은 그쪽에 반도체 경기가 활성화됐고, 특히 반도체 산업은 생태계가 굉장히 다양하지 않습니까? 반도체 설계 회사, 팹(반도체 제조사)이나 소부장(소재·부품·장비) 기업들, R&D 기업들이 많이 들어옵니다. 새로운 산업 생태계가 형성될 때까지 시간이 굉장히 많이 걸리죠.

 반도체, 바이오, 배터리, 디스플레이 같은 산업은 수도권으로 자꾸 몰립니다. 석유화학, 철강, 자동차, 조선 등 지난 30년 동안 대한민국을 먹여 살린 산업은 기반시설 때문에 주로 동남권에 가 있었죠. 성장 산업은 필연적으로 수도권으로 옵니다. 왜냐하면 인력 때문에 그렇습니다. 수도권으로 오는 이 산업의 변화, 입지의 변화를 막기는 굉장히 어렵죠. 문제는 2,500만 명이 살아가는 이 수도권 안에서 '어떻게 하면 삶의 질과 경쟁력을 갖추도록 할 것이냐'인데, 가만히 내버려두면 전부 서울로 통근하게 되죠. 따라서 우리는 다핵분

산형 메가시티를 염두에 둬야 합니다.

동탄신도시는 서울에서 40킬로미터 떨어진 곳이란 말이에요. 시간이 흐를수록 서울은 자꾸 광역화됩니다. 우리가 1980년대엔 목동 안에만 있었고, 1990년대엔 분당신도시가 만들어졌고 그곳에서 인구가 자꾸 빠져나오면서 도시가 확산됐죠. 문제는 사람은 빠져나오지만 일자리는 그렇지 않다는 겁니다. 그래서 통근 거리가 늘어납니다. 이게 삶의 질을 현저히 떨어뜨리는 문제가 되거든요. 그런데 ==최근 동탄신도시를 보면 고속의 광역열차도 연결되고, 한편으로는 서울 강남으로 출근하지 않고도 살아가는 문화가 생길 정도로 로컬 자족도시가 돼가고 있단 말이죠. 이게 굉장히 필요한 정책입니다.==

이준석 _ 국회의원(화성시을)

서울 상계동을 조성할 때 중소형 면적대 아파트들이 주로 구성되다 보니 이젠 아주 균질화된 동네가 됐어요. 위화감은 없지만 한편으로는 너무 비슷한 사람들이 살고 있는 것도 문제가 되긴 해요. 다양성 측면에서 문제가 될 수 있죠.

제가 어릴 때 시내 방향으로 출퇴근하는 화이트칼라 집합소였거든요. 그땐 일반 도시와 다른 조성 환경을 가지다 보니 괴리가 생겼어요. 동탄신도시는 지금 상계동보다 더 균질화돼 있는 게, 상계동은 그래도 주택 지역과 아파트 지역이 공존했어요. 그런데 동탄2신도시는 아파트가 거의 95% 이상이고 이주자 택지가 조금 있어요.

아이들 키우고 이런 데서 위화감은 참 적고 사람들이 비슷한 문화를 향유하는 데서는 균질성이라는 것이 의미가 있지만, 반대로 비슷한 사람들끼리의 무한 경쟁이죠. 그래서 이런 게 지속되면서 상계동같이 발달하게 된다면 교육열 같은 부분은 거의 극한으로 작용하게 될 가능성이 큽니다.

안윤정 _ 동탄2신도시 학원 운영

그럴 것 같아요. 동탄1·2신도시도 학구열이 뒤처지지 않아요. 여기도 만만치 않게 높아요. 아무래도 삼성전자나 협력 업체에 다니는 분들이 많다 보니 아이들에 대한 교육열도 높은 것 같고, 확실히 그런 분위기가 느껴지는 것 같아요.

이지운 _ 동탄2신도시 거주

그런데 여기가 아직 평준화가 안 됐어요. 평준화가 안 돼 있기 때문에 자기 성적에 맞춰 학교를 정해서 갑니다. 그런데 학구열은 조금씩 강해지는 것 같아요. 성적도 올라가는 것 같고, 작년과 올해를 비교했을 때 아이들 점수가 더 높아졌더라고요. 그래서 학교 커트라인들도 높아지는 것이고 몇 년 후면 교육열은 서울 대치동 못지않을 것 같아요.

이준석 _ 국회의원(화성시을)

화성 서부와 화성 동부, 동탄과 비(非)동탄 지역의 차이가 너무 크거든요. 화성이 전체적으로 학교를 늘리려고 해도 서부 화성 지역, 비동탄 지역 같은 경우엔 학교가 남기 때문에 이 민원을 받아주지 못한다는 게 교육 당국의 입장이거든요. 그런데 동탄신도시 주민들 입장에선 받아들이기 어렵죠.

> 어딜 가든 유모차를 끄는 아기 엄마들이 보이고 아이 웃음소리가 끊이지 않는 도시지만 다른 곳보다 그나마 사정이 나을 뿐 동탄신도시에도 저출생 여파는 나타나고 있다.

이삼식 _ 한양대학교 고령사회연구원장

신도시를 개발한 초창기, 도시와 인구가 급성장할 땐 주로 젊은 인구가 외부에서 유입되는데, 인구학적으로는 사회적 증가라고 합니다. 자연적 증가가 아니라 사회적 증가로 인구가 급성장할 땐 계속 젊은 인구가 유입될 수는 없어요. 왜 그러냐면 일단 일자리가 새로 만들어지고 아파트들이 많이 생기지만, 그 사람들이 안정적으로 자리를 잡기 시작하면 그다음에 새로 들어올 젊은이들이 찾을 수 있는 일자리라든가 아파트가 많지 않기 때문이죠.

인구가 떠나는 시기가 있어요. 신도시가 생겼을 땐 상당히 젊은 인구로 구성돼 있고 거기서 젊은이들이 결혼하고 출산을 해서 어린

아이도 많은 시기가 됐지만, 그 사람들이 낳은 자녀 세대는 그 도시를 떠나다 보니 오히려 처음 이주했던 1세대가 계속 머물고 있는 거예요.

저도 자료 보면서 깜짝 놀랐는데 화성시는 좀 특이해요. 너무나 지나치게 사회적 증가에 의해, 쉽게 말해 외부에서 인구가 유입돼서 급성장한 도시입니다. 그런데 젊은 사람이 많이 들어오는데도 불구하고 결혼해서 출산하는 구조가 이뤄지지 않았어요. 도시 내적으로 자연적 인구 성장의 기반이 약하다는 거죠. 실질적으로 출산율이 굉장히 낮고, 출생아 수가 그리 많지 않아요.

이준석 _ 국회의원(화성시을)

동탄2신도시는 2016~2017년에 입주를 시작하면서 다른 것보다도 화성에 와서 아이를 많이 낳은 분들이 있는 게 아니라 그 시기에 아이를 가지신 상태에서 특별공급을 받으신 분들이 꽤 있어요. 전국에 좀 아이 많은 집이라면 다 동탄2신도시에 분양을 받으려고 했던 시절이 있었고. 다만 처음 입주했던 분들의 아이들이 이제 중학교나 고등학교에 가면서 고르게 학년 배치가 된 게 아니라 돌림노래처럼 나오고 있어요. 초등학교가 부족하다고 해서 지으러 들어가 보면 그 땐 이미 다 중학교 올라가 있고, 그런 식이기 때문에 학교 공급 문제가 굉장히 심각한 상황이고요.

그렇기 때문에 관에선 모듈러 교실이라든지 여러 가지 대안을 통해서 이런 가변적 수요에 대응을 해야 하는데, 또 학부모 입장에 선 모듈러 교실이라고 하면 반감이 들기 때문에 이런 것들이 정치 입장에서 잘 조율해나가야 하는 부분입니다. 또 반대로 말하면, 정식으로 학급을 많이 건설해놓더라도 초등학교는 이미 동탄신도시에서도 저출산의 여파가 나오기 시작한 부분도 있거든요. 학교별로 좀 다르긴 하지만, 그래서 이런 수요와 공급을 맞추기가 쉽지는 않습니다.

김현수 _ 단국대학교 도시계획부동산학부 교수
고양창릉신도시 총괄 계획가

신도시의 황금기를 뜻하는 '천당 아래 분당'이라고 부르던 시기는 분당신도시가 입주하고 나서 10년 정도 지났을 때예요. 아직 아파트가 노후화하기 전이었죠. 그런데 시간이 조금 흐르면서 초등학생들이 중·고등학교 가는 시기가 도래하면 미스매치가 생깁니다. 처음에 입주한 인구는 굉장히 젊은 사람들로, 초기 청약해서 들어옵니다. 학령기 아동 인구가 들어오는데 이들이 나이가 들면서 중학교가 부족해지고 고등학교가 부족해지는 식으로 문제가 연차적으로 발생하죠.

1기 신도시인 분당신도시와 일산신도시는 인구 계획을 가구당 4인으로 출발했어요. 2기 신도시인 판교신도시는 가구당 3인입니다. 3기 신도시는 가구당 2.5인으로 보고 있는데 더 떨어질 우려가 있어

[도표 6-14] 근린주구 이론에 따라 학교 주변에 일정 규모로 조성된 아파트 단지들

자료: 〈한국경제신문〉 집코노미

요. 특히 저출산 문제 때문에 학교에 대한 수요 예측이 매우 쉽지 않습니다.

다만 이런 준비는 해야 합니다. 앞으로 인구 구조의 변화가 굉장히 심하고 고령화될 거예요. 과거에 과천, 목동 등을 조성할 땐 초등학교 중심으로 커뮤니티를 만들었습니다. 2,500가구당 초등학교 하나를 배치하고, 보행거리 500미터 안에 만든다는 미국 건축가 클래런스 아서 페리의 근린주구(neighborhood unit) 이론에 따라 만들었는데, 이제 이런 모델이 맞지 않습니다. 그것보다는 역세권 중심으로 콤팩트해지고, 슬세권(슬리퍼+역세권)이라고 부를 만큼 MZ세대가 즐길 수 있는 새로운 환경이 필요해졌죠. 특히 고령화에 대비하기 위해서 노유자시설, 노인들이 산책하고 운동하기 편리한 시설도 동

시에 고려해야 합니다. 그래서 요즘엔 신도시에도 노유자시설 또는 실버타운을 갖추는 문제가 많이 거론되고 있습니다.

이삼식 _ 한양대학교 고령사회연구원장

그래서 일본 같은 경우도 이미 일정한 선 안에서만 도시시설을 모이게 하고, 인구가 자꾸 그 선 안으로 들어올 수 있게 만들고 있어요. 입지적정화 계획이라고 합니다. 사실은 일본보다 더 앞서서 1970~1980년대 유럽에서 그런 정책을 실시했거든요. 인구가 성장할 땐 모든 인구가 도심 안에서 살아갈 수 없어요. 그러다 보니 인구가 교외로 빠져나가요. 이걸 스프롤 현상(urban sprawl)이라고 하는데, 교외의 넓은 지역에 일자리와 주택이 무질서하고 무계획적으로 세워지거든요. 이런 것들이 흩어져 있기 때문에 인구가 줄어들면 복지 등 도시 서비스들을 효율적으로 전달하기 어려운 부분이 있어요. ==이젠 수요 관리가 아니라 공급 관리를 해야 한다는 겁니다. 쉽게 말하면 오늘날 화성시 인구가 100만 명이 되지만 언젠간 인구가 갑자기 확 줄어서 70만~80만이 된다고 생각할 때 20만~30만 명짜리 빈자리를 생각해야 해요.==

> 혹시 우리가 반대로 가고 있는 건 아닐까. 서울은 더 넓어질 것 같다. 집값을 잡기 위해 우리는 또다시 신도시를 짓기로 했다. 서울에, 또는 서울과 가장 가까운 곳에.

이창무 _ 한양대학교 도시공학과 교수

처음부터 잘못했다고 생각합니다. 신도시를 조성해야 했다면 분당 신도시보다는 과천을 먼저 개발하는 게 나았죠. 어차피 이제 와서 개발할 거라면 과거에 과천의 그린벨트를 풀어서 개발하는 게 훨씬 더 사회적인 비용을 줄일 수 있고 경쟁력을 높일 수 있는 선택이었 겠죠. GTX 건설이 필요 없는 상황이 될 수도 있는 것이고.

역사적으로 넘어가면 에버네저 하워드의 전원도시라는 콘셉트에 서부터 시작되는데, 영국에서 도시를 만들어가는 구조였거든요. 모(母)도시가 있고 그 모도시가 산업혁명 이후 공해라든지 이런 여러 가지 문제 때문에 고통을 받으면서 이 문제를 해결하기 위해 위성도시를 만들었습니다. 그 위성도시는 모도시로 출퇴근하는 게 아니

[도표 6-15] 그린벨트 해제 방침 발표 기사

* 2024년 8·8 대책에선 고급대책 일환으로 그린벨트 해제 방침이 발표됐다.
자료: 〈한국경제신문〉 집코노미

라 자족적으로 공장을 유치하고 모도시와 위성도시 사이에 녹지 공간을 놓는, 이런 식의 전원도시 개념이 태동했어요. 그 개념을 도입하고자 하는 나라들이 많았고 실제로 도입하는 과정에서 굉장히 왜곡된 경우도 많습니다.

그런 영국의 방식을 쫓아가는 것이 모든 나라가 공유할 수 있는 경험은 아니었어요. 그런데 우리나라는 그런 전원도시와 영국의 개념, 그러니까 '연담화 방지'를 굉장히 중요한 목표와 도시관으로 삼았고, 그 때문에 지금의 서울 대도시권과 지방 대도시들의 모습이 만들어진 거죠. 인구 축소기를 대비해서 서울 대도시권의 공간 구조를 개편하는 데 대한 인식을 가져야 한다고 생각합니다.

[도표 6-16] 그림으로 표현한 전원도시 이론

자료: 〈한국경제신문〉 집코노미

> 서울공화국의 외연을 넓히는 신도시가 아니라 서울을 대신할 수 있는 도시를 만들기 위해선 어떻게 해야 할까. 이 거대한 신도시를 만드는 동안 우리는 무엇을 경험하고, 무엇을 배웠을까.

이용섭 _ 전 건설교통부 장관

국가 균형발전을 이루지 않으면 주택 투기 문제, 부동산 시장 불안정 문제, 수도권의 블랙홀 문제, 지방의 인구 소멸 문제 등을 해결할 수 없습니다. 인구 소멸 문제를 해소하고 나름대로 경쟁력을 갖기 위해선 자생력과 자립경제를 가진 리전 스테이트(Region State), 즉 지역국가 개념의 초광역 경제권을 만들어야 합니다. 우리 청년들이 지방을 떠나지 않고서도 거기에서 꿈을 실현할 수 있고, 일을 할 수

[도표 6-17] 신도시 건설 과정에서 우리는 무엇을 배웠을까

자료: 〈한국경제신문〉 집코노미

있고, 각종 문화시설을 향유할 수 있는 초광역 경제권을 만들어야 한다는 이야기입니다.

김현수 _ 단국대학교 도시계획부동산학부 교수

신도시를 건설할 때마다 국토교통부 보도자료를 보면 부족한 주택 수가 나옵니다. '우리가 매년 50만 가구를 공급해왔는데 이번엔 35만 가구밖에 안 돼서 큰일 났다' 이렇게 얘기한단 말이에요. 하지만 이젠 주택 수요를 그렇게 총수급 차원에서 보고 '어디에 몇만 가구를 공급해야 한다'고 말해서는 안 됩니다. 과거 우리가 주택 수요를 추정하는 방식은 항상 인구수, 가구 수, 소득의 함수를 기반으로 한 게였습니다. 이게 증가하니까 더 공급해야 한다는 거죠. 하지만 지금 총인구는 감소하고 있지 않습니까? 이렇게 새로운 산업 입지가 모여 있고 신성장 산업이 집적돼 있는 곳은 새로운 산업 수요, 새로운 기업 입지 수요를 만들어냅니다. 이런 곳에 주택과 기반시설, 기업용지를 공급해야 하는 시대에 접어든 거죠.

사실 해외에서 VIP가 방한하면 가장 흥미롭게 방문하는 곳이 마곡에 있는 LG사이언스파크 같은 곳입니다. 여기는 도시개발사업을 하고 산업단지를 씌웠어요. 산업단지를 씌우면 기반시설 지원이 가능하기 때문에 원가를 낮춰주는 효과가 있죠. 마곡엔 LG 계열의 연구소 12개가 모여 있습니다. 서로 다른 업종의 기업들이 모여 시너지를 내면서 혁신을 일으키죠. 거기에 일본의 유명 건축가 안도 다다오가 설계한 LG아트센터가 있고 서울시에서 만든 공공식물원인 서울식물원이 있죠. 스페이스K라는 미술관도 있고, 코엑스 마곡이라고 하는 대형 쇼핑몰도 곧 들어설 예정입니다.* 일반 제조 단지라면 기반시설이 중요하지만 앞으로 첨단 산업이나 연구소 기업들은 종사자들의 어메니티(amenity, 생활 편의시설) 환경을 매우 중시합니다. 흔히 이걸 직주락 플랫폼이라고 하죠.

이준석 _ 국회의원(화성시을)
동탄신도시가 하나의 신도심으로, 당연히 신도시를 넘어 신도심으로 기능하기 위해선 다양한 시설이 필요한데요. 문화, 스포츠, 체육 이런 시설 같은 경우에도 꼭 필요하다고 생각하고 있습니다. 지금 화성이 단기간에 100만 도시가 됐지만 사실 원주민이라고 하는 분보다는 다들 다른 지역에서 오신 분이 많기 때문에 이들의 정체성을 같이 구축하기 위해선 문화, 스포츠 이런 쪽에서도 많은 투자가 있어야 하거든요.

이삼식 _ 한양대학교 고령사회연구원장
화성시가 지금까지 일자리 측면에 많이 투자했다면, 이젠 거기 살고 있는 주민들에게 어떻게 하면 안정적으로 거주할 기반을 만들어줄

★　인터뷰 당시엔 코엑스 마곡이 아직 들어서지 않은 상황이었다.

것이냐, 이게 중요하죠. 거기서 핵심이 교육 인프라입니다. 더 나아가서는 젊은 층이 좋아하는 문화·여가시설이 필요하죠. 그다음엔? 갈 만한 곳이 있어야 한다는 것입니다.

> 우리가 만든 신도시의 첫 목표는 단순했다. 더 많은 사람의 둥지가 되는 것. 그래서 집만 빼곡한 도시가 지어졌다. 하지만 모두의 아침이 서울로 향하는 길에 갇히게 되면서 도시는 일하고 사는 곳이어야 한다는 걸 깨달았고, 그래서 기업을 주연으로 내세웠다. 그렇게 만든 도시에서도 고민은 끝나지 않았다. 어떻게 머물게 할 것인가. 앞으로 그려야 할 3기 신도시 11곳. 그리고 오래된 신도시들이 떠안은 숙제의 답을 이곳 동탄에서 찾았는지도 모르겠다.

〈한국경제신문〉 60년·집코노미 6주년 특별기획
기획·구성·연출: 전형진 기자
이재형·조희재·예수아·이예주·이문규 PD

부동산 시장에서 찾아볼 수 있는 정보는 다양하다. 미래의 집값 예측을 위해 입주 물량부터 인구통계, 지도 앱까지 어렵지 않게 접할 수 있다. 부동산 소식을 다루는 기사도 마찬가지다. 진짜 도움이 될 만한 정보를 어떻게 솎아내고, 딱딱한 숫자에서 어떻게 인과관계를 추론해야 할까?

인구 충격을 버티는 곳은?

이어달리기를 한다고 해보자. 내 순서까지 바통이 와 열심히 달리고 보니 다음 주자가 없다면? 내가 끝까지 달리는 수밖에 없다. 인구절벽, 국가소멸이라는데 내가 지금 집을 사면 과연 나중에 내 집을 사줄 사람은 있을까? 혹시 내가 마지막 주자가 되는 건 아닐까?

미래에도 집을 살 사람이 있을까?

먼저 미래의 인구를 따져보자. 국가데이터처(통계청)가 2024년 추계한 2040년대 한국의 인구는 4,900만 명 수준이다.* 이 정도면 그간 공포 운운하던 수준에 비해 나름대로 선방한 게 아닐까 싶겠지만, 그래프를 자세히 들여다보면 생각이 좀 바뀔 것이다(도표 7-1). 노란

[도표 7-1] 내국인과 외국인 인구추계

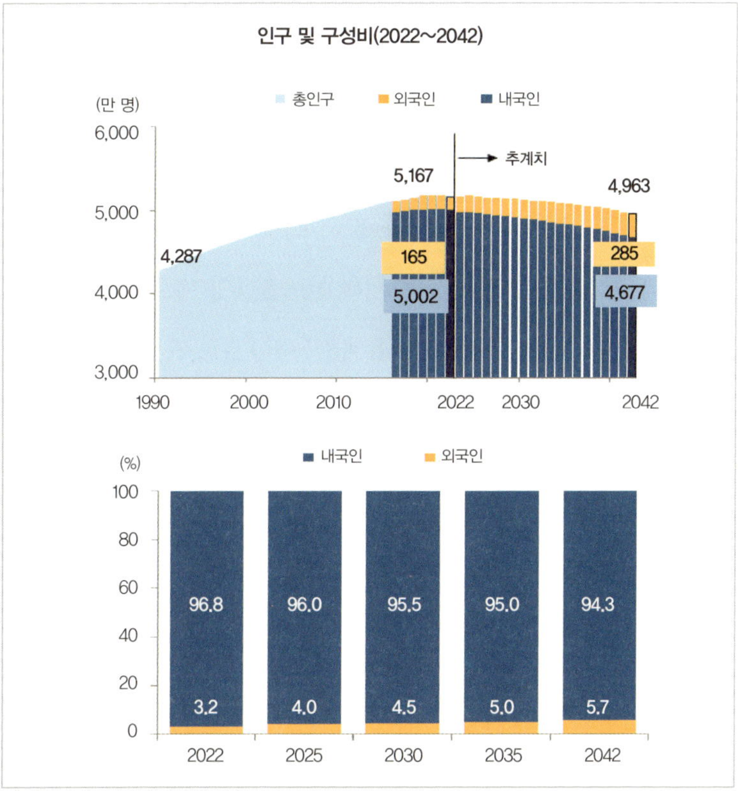

인구 및 구성비(2022~2042)

(만 명) ■ 총인구 ■ 외국인 ■ 내국인

- 4,287 (1990 부근)
- 5,167 (2022) → 추계치
  - 외국인 165
  - 내국인 5,002
- 4,963 (2042)
  - 외국인 285
  - 내국인 4,677

(%) ■ 내국인 ■ 외국인

연도	내국인	외국인
2022	96.8	3.2
2025	96.0	4.0
2030	95.5	4.5
2035	95.0	5.0
2042	94.3	5.7

자료: 국가데이터처

색 부분은 외국인이다. 이 친구들을 제외하면 국내 인구는 4,600만 명으로 줄어든다. 내국인 인구가 이 정도 수준이었던 건 1999년이 마지막이다. 우리는 21세기 들어 4,600만이라는 숫자를 본 적이 없

★ 장래 인구추계를 본인과 부모의 국적에 따라 내국인과 외국인으로 세분화하고 국적 변동을 반영해 2022~2042년 기간을 추계한 통계. 주기적으로 발표되는 장래 인구추계와 달리 내국인과 외국인을 구분한 인구추계는 2024년 한 차례 발표됐고, 2022년 장래 인구추계를 기준으로 작성됐다.

7장 _ 분석을 위한 방법

다. 부동산은커녕 밀레니엄과 Y2K를 걱정하던 시절로 돌아가는 셈이다.

인구는 왜 줄어들까? 당연하지만 태어나는 숫자보다 죽는 사람 숫자가 더 많아서다. 2025년 반등할 예정이라지만 출산율 저점 0.75명을 터치한 게 한국의 상황이다. 단순히 0.75라는 숫자를 얘기하면 잘 체감되지 않는다. 남녀가 결혼해 아이를 1명 낳고 이 아이만을 예쁘게 잘 키운다면, 이게 바로 합계출산율 1명의 개념이다. 가임기 여성이 평생 낳을 것으로 기대되는 아이의 숫자니까.

그렇다면 여자 1명이 아이 1명을 낳았으니까 인구는 본전인 걸까? 전혀 그렇지 않다. 남편까지 힘을 합쳐 1명을 낳은 것 아닌가. 2명을 낳아야 본전인 것이다. 옆집까지 끌어들여 같이 계산해보자. 이 집 부부는 아이를 안 낳는 딩크족이다. 그렇다면 두 부부의 남녀 4명을 합쳐 아이가 1명이다. 이 집단의 합계출산율은 0.5명이 되는 것이다. 현재 세대의 인구 4명이 다음 세대에 1명으로 감소해버리는 숫자가 0.5라는 의미다. 이제 0.75가 얼마나 무서운 숫자인지 이해가 될 것이다. 그래서 출산율을 따질 땐 '가임기 여성'이라는 글자에 매몰돼서는 안 된다. 그 뒤엔 남편이 있기 때문에 2명을 인구의 본전으로 봐야 한다.

부동산 시장의 인구 공포론이 새삼스러운 이야기는 아니다. 해마다 인구 충격이 덮친다는 경고가 있었고 해마다 집값이 올랐다. 이유는 여러 가지다. 유동성이 풍부하기도 했고 공급불안이 나타나는 곳들도 있었다. 아무리 인구가 줄어든다고 해도 몇몇 핵심 지역이 나머지 지역의 인구와 수요를 다 빨아들이면서 성장하기도 했다.

중요한 지점도 하나 있다. 인구가 감소하는 동안 가구는 분화했다. 3~4명이 한 가족을 이루고 살다가 1~2명씩 따로 살기 시작하면서 정작 가구의 숫자는 인구와 반대로 늘어났다는 의미다. 가구는 생활의 단위인 만큼 가구가 늘면 집도 더 필요해진다. 즉 가구의 분화는 주택 수요의 증가를 뜻한다. 그런데 가구가 늘어나는 속도가 빨라서 인구가 줄어드는 속도를 상쇄하고 있다. 시대의 흐름상 가구는 계속 쪼개지며 늘어날 테니, 주택 수요도 당분간 계속 늘어날까? 그렇지는 않다. 가구가 늘어나는 속도는 점점 느려지고 있다. 2020년 2.8%이던 총가구 증가율은 2024년 1.2%로 떨어졌다. 얼마 뒤면 인구도 줄어드는데 가구도 늘어나지 않는 상황이 올 수 있다는 얘기다.

2024년 기준 1인가구의 비율은 36.1%, 2인가구의 비율은 29.0%다. 1·2인가구의 비율이 점점 늘어나고 있다지만, 자세히 들여다보면 60대 이상 장년층 비율이 37.4%를 차지한다.* 주택 매수에 적극적이라고 보기 어려운 계층의 비율이 생각보다 높은 셈이다. 중장년층의 은퇴 이후 현금흐름이나 자산 상황이 여의치 않은 경우까지 가정하면, 주거지를 이전하는 데 보수적인 판단을 할 가능성도 크

---

* 30대와 40대는 29.7%.

[도표 7-2] 인구주택총조사 결과(2024)

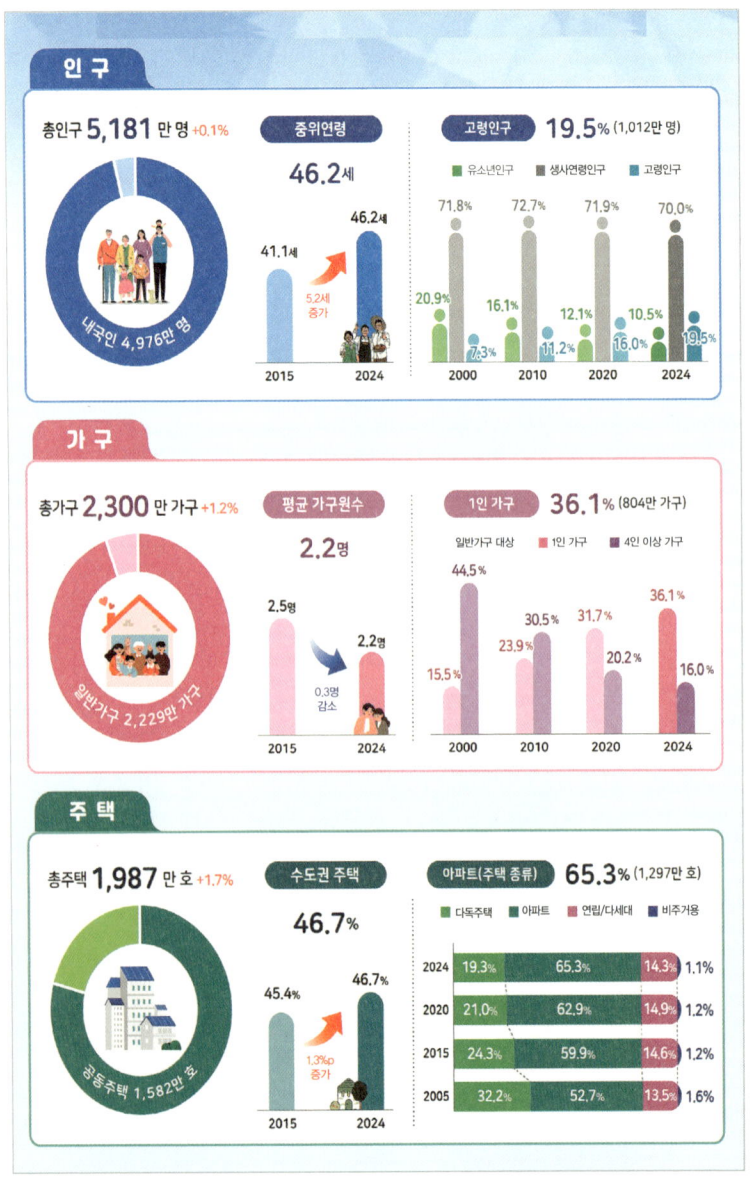

자료: 국가데이터처

[도표 7-3] 세대 구성별 가구의 주택 소유 현황   (단위: 만 가구, %, %p)

	2022년			2023년			증감			
	일반 가구	주택 소유 가구	주택 소유율	일반 가구	주택 소유 가구	주택 소유율	일반 가구	주택 소유 가구	증감율 (%)	주택 소유율
합계	2,177.4	1,223.2	(56.2)	2,207.3	1,245.5	(56.4)	30.0	22.2	1.8	(0.2)
1세대	417.3	300.0	(71.9)	419.8	305.4	(72.7)	2.6	5.4	1.8	(0.8)
부부	378.0	282.9	(74.8)	380.4	287.4	(75.6)	2.3	4.5	1.6	(0.7)
기타	39.2	17.2	(43.7)	39.5	18.0	(45.7)	0.2	0.9	5.1	(1.9)
2세대	891.8	616.6	(69.1)	885.7	620.2	(70.0)	-6.1	3.6	0.6	(0.9)
부부&미혼자녀	586.6	433.9	(74.0)	579.4	434.0	(74.9)	-7.2	0.1	0.0	(0.9)
한부모&미혼자녀	200.0	105.8	(52.9)	201.4	108.6	(53.9)	1.4	2.8	2.6	(1.0)
기타	105.2	76.8	(73.1)	104.9	77.6	(74.0)	-0.2	0.8	1.0	(0.9)
3세대 이상	66.7	53.1	(79.6)	64.3	51.7	(80.4)	-2.3	-1.4	-2.5	(0.8)
1인가구	750.2	232.0	(30.9)	782.9	245.1	(31.3)	32.7	13.2	5.7	(0.4)
비친족가구	51.4	21.6	(42.0)	54.5	23.0	(42.3)	3.1	1.4	6.7	(0.2)

* 한부모&미혼자녀 세대의 경우 한부모의 혼인상태(혼인, 미혼, 이혼, 사별)와 관계없이 부모 한 명과 미혼자녀가 함께 거주하는 의미
자료: 국가데이터처

다. 이 같은 이유로 점점 높아지는 1인가구 비율을 모두 주택 수요로 갈음해서는 안 된다.

가구 분화의 최선봉인 1인가구들이 적극적인 주택 구매 수요층일 것인지는 해마다 발표되는 '주택소유통계'에서 힌트를 찾을 수 있다. 1인가구의 주택 소유율이 31.3%에 그친다고 친절하게 알려주고 있으니 말이다. 전체 가구 중 집을 소유한 가구는 56.4%인데 1인가구 중 집 있는 1인가구는 30%대에 불과하다는 의미다. 부부와 미혼자녀까지 한집에 2세대를 이루고 산다면 70.0%, 부부끼리만 산다면 이 수치는 72.7%로 오른다. 결국 결혼하고 출산을 할 때 집을 사게 된다는 의미다. 둥지를 만들어야 하기 때문이다. 그래서 결혼과

[도표 7-4] 국내인구이동통계

2024년 국내인구이동통계 결과(요약)

(전국) 이동자 수 628만 3천 명, 전년대비 2.5%(15만 5천 명) 증가

- 인구이동률(인구 백 명당 이동자 수)은 12.3%, 전년대비 0.3%p 증가
- 시도 내 이동률은 8.1%, 시도 간 이동률은 4.3%로 전년대비 각각 0.3%p, 0.1%p 증가

〈총이동자 수 및 이동률 추이, 1970~2024〉

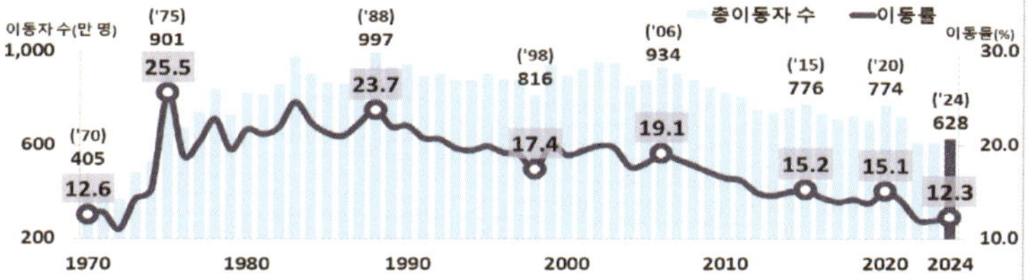

연도	이동자 수(만 명)	이동률(%)
'70	405	12.6
'75	901	25.5
'88	997	23.7
'98	816	17.4
'06	934	19.1
'15	776	15.2
'20	774	15.1
'24	628	12.3

- 연령별 이동률은 20대(23.9%)와 30대(21.0%)가 높고, 60대 이상 연령대는 낮음
- 전년대비 20대, 30대, 10세 미만 순으로 이동률이 증가, 70대 이상 이동률은 감소

〈연령별 이동률, 2023~2024〉

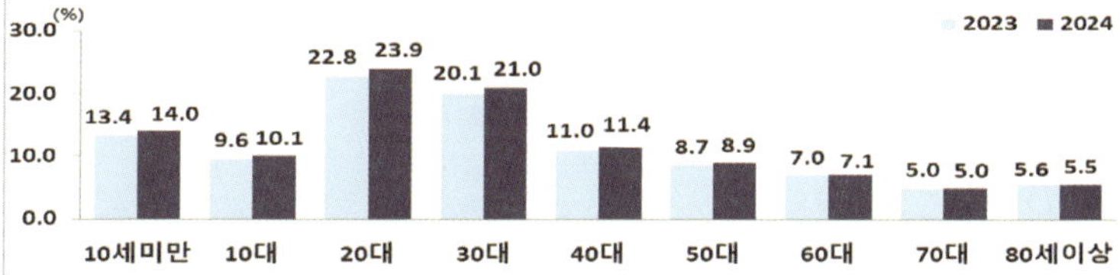

연령	2023	2024
10세미만	13.4	14.0
10대	9.6	10.1
20대	22.8	23.9
30대	20.1	21.0
40대	11.0	11.4
50대	8.7	8.9
60대	7.0	7.1
70대	5.0	5.0
80세이상	5.6	5.5

(시도) 순유입률은 인천과 세종, 순유출률은 광주와 제주가 높음

- 인천(0.9%), 세종(0.7%) 등 5개 시도는 전입자가 전출자보다 많아 인구가 순유입
- 광주(-0.6%), 제주(-0.5%) 등 12개 시도는 전출자가 전입자보다 많아 인구가 순유출
- 인천은 모든 연령대에서 순유입

〈시도별 순이동률, 2024〉

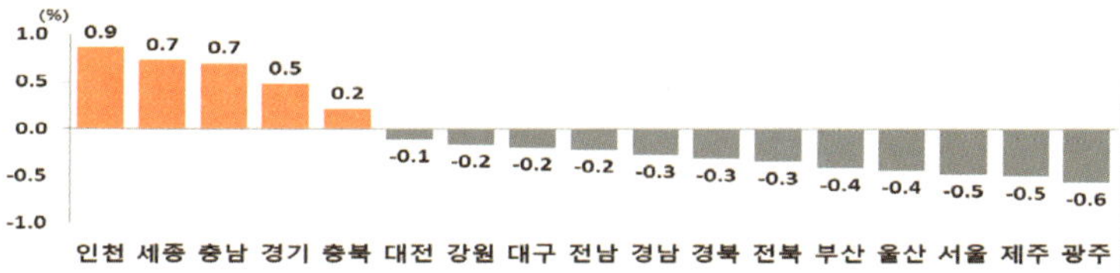

시도	순이동률(%)
인천	0.9
세종	0.7
충남	0.7
경기	0.5
충북	0.2
대전	-0.1
강원	-0.2
대구	-0.2
전남	-0.2
경남	-0.3
경북	-0.3
전북	-0.3
부산	-0.4
울산	-0.4
서울	-0.5
제주	-0.5
광주	-0.6

자료: 국가데이터처

출산은 주택 수요를 판단하는 데 인구 증감이나 가구의 분화만큼 굉장히 중요한 지표다.

그렇다면 사람들은 어디로 가고 어디서 올까? 역사적인 시계열을 보면 도시화가 급격히 진행되던 1970~1980년대엔 이사를 다니는 사람들의 숫자도 많았고, 인구의 이동률*도 20%대를 웃돌았다. 하지만 이젠 이동하는 사람의 수와 비율 모두 점점 낮아지는 추세다. 도시 안에서 자리를 잡기 시작한 것이다.

1년 치 전입신고를 모아서 분석해보자. 이사를 다니는 사람들은 누구일까? 연령대로 보면 20대와 30대의 이동률이 높다. 대학 진학과 취업 등의 영향이다. 40대 이후로는 이 수치가 확 떨어지는데 생애주기를 고려하면 당연하다는 걸 알 수 있다. 가정의 기반이 해당 지역에 깔려 있기 때문에 주거 이전이 쉽지 않은 것이다.

하지만 이 와중에도 인구가 늘어나는 곳이 있다. 인천의 인구 순유입률이 0.9%로 전국에서 가장 높다. 순유입률이 높다는 건 전출자 대비 전입자가 많다는 의미다. 인천은 전국에서 인구 성장세가 두드러지는 곳 중 하나다. 2024년엔 인구 300만 명을 돌파했다. 이 같은 추세라면 한국에서 두 번째로 인구가 많은 도시가 될 날도 머지않은 듯하다. 광역지자체 단위로 봤을 땐 세종과 충남도 인구가 불어나고 있는 지역이다. 반대로 여러 지역에선 인구가 빠져나가고

---

* 인구 100명당 이동자 수.

있다. 가장 심각한 곳이 광주(-0.6%)와 제주(-0.5%)다.

이 통계를 연령대별로 다시 뜯어보면 인천은 모든 나이대에서 인구가 골고루 순유입됐다. 10대부터 60대 이상까지 나눠서 따져봤을 때 모두 최상위권이다. 특정 연령대만 보자면 20대의 순유입률이 가장 높은 도시는 서울(2.8%), 30대는 세종(2.5%) 등이다. 재미있는 건 20대에서 1등이었던 서울이 30대에선 꼴찌(-1.8%)가 된다는 점이다. 인구를 가장 많이 빨아들이는 도시에서 가장 많이 내보내는 도시로 바뀌는 셈이다. 상위권 대학이 모여 있다 보니 젊은이들을 빨아들이지만, 이들이 취업하고 가정을 꾸릴 나이가 되면 주거비 부담

[도표 7-5] 시도별 3대 전입지와 전출지 (단위: 천 명, %)

	전입지수	타시도에서 전입			전출지수	타시도로 전출		
		1위 (2023년)	2위	3위		1위 (2023년)	2위	3위
서울	428	경기 (53.0, 52.9)	인천 (7.7)	부산 (4.2)	473	경기 (61.3, 60.5)	인천 (9.5)	충남 (3.8)
부산	105	경남 (39.3, 39.9)	서울 (11.6)	경기 (10.9)	118	경남 (37.7, 35.8)	서울 (15.2)	경기 (12.7)
대구	87	경북 (46.4, 46.7)	경기 (10.5)	서울 (10.0)	91	경북 (40.1, 40.1)	서울 (14.4)	경기 (13.1)
인천	156	경기 (44.6, 46.6)	서울 (28.8)	충남 (4.2)	130	경기 (45.5, 45.7)	서울 (25.4)	충남 (5.9)
광주	55	전남 (47.7, 48.2)	경기 (12.2)	서울 (11.6)	63	전남 (41.8, 43.0)	서울 (15.2)	경기 (14.0)
대전	76	충남 (17.4, 17.1)	경기 (17.2)	서울 (13.6)	78	경기 (18.6, 18.5)	충남 (17.5)	서울 (16.7)
울산	40	부산 (22.2, 22.2)	경북 (16.8)	경남 (16.6)	44	부산 (20.9, 20.6)	경북 (16.1)	경남 (15.2)
세종	36	대전 (25.4, 24.6)	경기 (15.1)	충남 (13.6)	33	대전 (21.5, 21.6)	경기 (15.7)	충남 (15.3)
경기	558	서울 (52.0, 51.5)	인천 (10.6)	충남 (5.8)	493	서울 (46.0, 45.7)	인천 (14.1)	충남 (7.7)
강원	69	경기 (38.4, 37.8)	서울 (23.9)	인천 (6.4)	71	경기 (37.2, 36.3)	서울 (24.0)	인천 (6.4)
충북	75	경기 (28.5, 28.6)	서울 (15.0)	대전 (10.2)	72	경기 (27.7, 27.3)	서울 (16.3)	대전 (10.8)
충남	118	경기 (31.1, 32.0)	서울 (15.0)	대전 (11.5)	104	경기 (31.5, 31.7)	서울 (16.6)	대전 (12.7)
전북	54	경기 (23.9, 24.4)	서울 (18.1)	광주 (9.5)	61	경기 (23.8, 23.7)	서울 (19.2)	충남 (10.0)
전남	70	광주 (37.4, 37.5)	경기 (16.1)	서울 (12.1)	74	광주 (35.2, 35.1)	경기 (16.3)	서울 (13.4)
경북	110	대구 (33.3, 33.2)	경기 (14.3)	서울 (10.0)	118	대구 (34.1, 33.8)	서울 (15.0)	경기 (11.5)
경남	110	부산 (40.6, 39.2)	경기 (11.9)	서울 (9.5)	119	부산 (34.6, 33.9)	경기 (13.4)	서울 (12.6)
제주	29	경기 (27.3, 27.3)	서울 (24.4)	부산 (6.8)	32	경기 (25.7, 24.9)	서울 (24.8)	부산 (7.1)

자료: 국가데이터처

이나 직장 위치 등의 문제로 도시 이탈이 발생한다고 해석해볼 수 있다. 서울은 이후 40대 이상의 다른 연령대에서도 부동의 꼴등이다. 수도권 집중 해소 측면에서 서울 인구의 순유출은 다른 지역에 기회가 될 수 있다. 안타까운 건 이 같은 인구를 빨아들여야 할 부산과 광주, 울산 등 지방 광역시에서도 서울 못지않은 유출이 이뤄지고 있다는 점이다. 설렁탕을 사 왔는데 먹지를 못하는 아내를 앞에 두고 김첨지가 내뱉은 독백처럼, 왜 먹지를 못하느냔 말이다.

지역별로 매칭해보자. 2024년 서울로 전입한 42만 8,000명이 어디서 왔는지 광역지자체별로 정리해보면 경기도가 53.0%로 가장 많다. 반대로 서울에서 빠져나간 47만 3,000명 가운데 61.3%가 경기도로 떠났다. 인천(9.5%)의 비율도 높은 편이다. 고령화되는 인구 구조 때문에 '노인과 바다'라는 얘기가 나오는 부산은 주변 경남(37.7%)과 서울(15.2%), 경기(12.7%)로 사람을 내보내고 있다. 지리상 정반대의 극에 있는 수도권 지역이 30% 가까이 차지한다.

이사를 다니는 이유는 뭘까. 지역 안에서 옮기는 사람들, 그러니까 서울이면 서울 안에서 이사를 하는 사람들의 경우 1위는 집으로 나타났다. 주택으로 인한 이동 사유가 43.2%로 가장 높다. 반대로 지역을 아예 바꾸는 이동, 시·도 간 이동의 경우는 직업(33.5%)으로 인한 이동 사유가 가장 높다.

이 같은 ==연간 단위 인구 흐름은== 정비사업이나 신도시 조성에 따라 과다 계산되거나 왜곡될 수 있다. 하지만 ==산업의 지형과 연계해==

==생각해보면 어느 지역이 미래를 만들어가는지, 어느 지역이 경쟁력을 잃고 소멸해가는지 유추할 수 있다.==

돈은 어디로 움직이나

지금까지 살핀 통계로 미뤄보면 지방은 결국 다 소멸하는 결말을 맞이할까? 이제 재미있는 통계도 한번 살펴보자. 2025년 봄 처음 나온 생활인구라는 통계다.* 통신사와 카드사의 데이터를 합쳐서 실제 해당 지역에 머무르는 인구를 계산해본 게 바로 생활인구 개념이다. 해당 지역에 주민등록을 하고 사는 등록 인구는 당연히 생활인구에 포함된다. 여기에 다른 지역에서 넘어와 3시간 이상 체류한 인구를 포함하면 생활인구가 된다.

생활인구 통계를 정확하게 이해하려면 따분하지만 약간의 설명을 더 읽어야 한다. 우선 정부는 5년마다 인구 감소 지역**을 지정한다. 사람이 줄어드는 도시라는 건 막연한 기준이 아니라 정부가 공인하는 지역이다. 생활인구 통계는 이 같은 인구 감소 지역들을 대상으로만 집계한다.

한국의 인구 감소 지역 89곳의 인구를 다 더하면 489만 명이다.

---

* 국가 승인 통계가 아닌 실험적 통계이기 때문에 신뢰성이나 타당성에 대한 확인과 점검이 필요하다.
** 2021년 10월 89곳이 지정됐다. 다음 지정 시기는 2026년 10월이다.

[도표 7-6] 생활인구(2024년 3분기 기준)

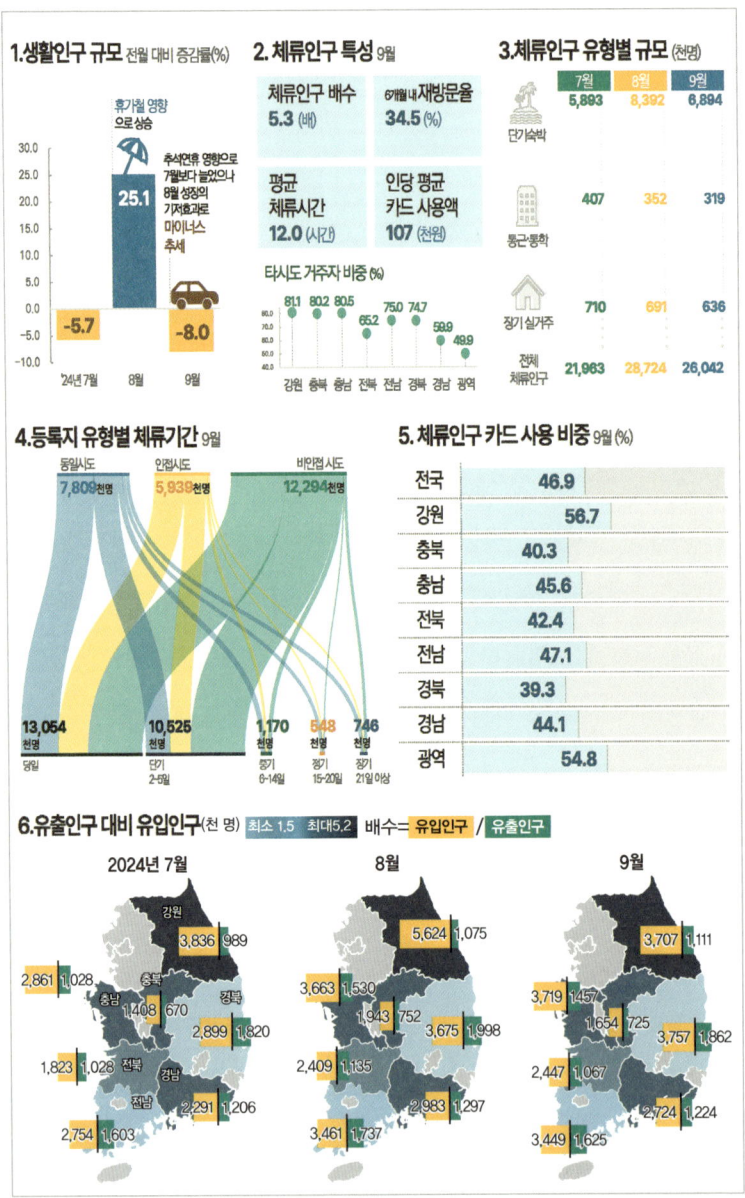

자료: 국가데이터처

수도권 웬만한 특례시 서너 곳을 합친 정도의 규모다. 그런데 이들 지역에 놀러 가서 돈을 쓰는 친구들 등 체류하며 소비하는 생활인구를 계산하면 3,362만 명으로 불어난다. 배보다 배꼽이 더 큰 것이다.

여름 한 철을 따져보면* 모든 지역에서 집중 휴가철인 8월의 이동이 가장 많다. 특히 30세 미만인 연령대는 8월에 쏠려 있다. 젊음을 대분출하는 시기인 것이다. 그렇다면 사람들은 어디에 가서 놀까? 체류 인구가 등록 인구 대비 가장 많은 곳은 거대한 정글이 돼버린 강원 양양이다. 7~9월 모두 양양의 체류 인구 배수가 다른 지역들을 앞선다. 양양군 중광정리, 우리에게 조금 더 익숙한 말로는 하조대 또는 서피비치가 있는 그곳이다. 사실 광란의 바다와 헌팅포차 중간에 포병부대 하나가 덩그러니 있는 굉장히 가혹한 해변이기도 하다.

그런데 체류 일수를 보면 양양 등 강원 지역은 2~5일의 단기체류가 대부분이다. 반대로 광역시들은 21일 이상의 장기체류 비중이 다른 지역들보다 높게 나타났다. 그 성격을 추측해보자. 만약 내가 회사를 그만두고 지방으로 내려가서 펜션을 운영한다면 어디로 가야 할까? 당연히 숙박형 체류 인구 비중이 높은 지역들이다. 관광의 성격이 뚜렷하기 때문이다. 반대로 장기체류 인구가 대부분인 광역시들은 생활 관련 사유일 확률이 높다.

★   2025년 3월 처음 발표된 생활인구 통계는 2024년 3분기를 대상으로 집계됐다.

==가장 중요한 건 외지에서 온 사람들이 해당 지역에서 돈을 얼마나 쓰느냐다.== 인당 평균 카드 사용액은 11만 9,000원. ==언뜻 작아 보이지만 실은 이게 지역경제 자체다.== 체류 인구의 카드 사용액이 해당 지역 카드 사용액의 45% 수준이기 때문이다. 놀러 온 사람들이 원래 그 동네 사는 사람들이 쓰는 돈만큼은 쓰고 간다는 의미다.

앞서 관광 비중이 높았던 강원의 카드 사용액을 항목별로 보면 음식과 문화·여가 분야가 높다. 반대로 광역시를 보면 돈 쓰는 항목이 달라진다. 보건·의료와 교육 분야의 사용액이 높다. 보건·의료의 경우 대도시에 마련된 지역별 거점 병원을 찾는 수요라고 해석해볼 수 있다. 사실상 장기 실거주하는 이들의 경우엔 당연히 여기저기 돈을 많이 쓰긴 하지만 교육에 지출하는 규모가 가장 큰 것으로 나타났다. 다른 지역 사람들이 그 지역에 왜 머무는지는 돈의 흐름을 좇다 보면 조금 더 분명한 답을 찾을 수 있는 셈이다.

이 글에서 설명한 지역들은 전망이 밝다고 소개하거나 역발상 투자를 권유하려는 의미가 아니다. ==어떤 성격의 돈이 어떤 길로 흐르고, 사람은 어디로 움직이는지 살펴보자==는 것이다. 지역과 도시를 이해하는 데 참고가 되길 바란다.

활용된 자료
〈내·외국인 인구추계:2022~2042(2024)〉, 국가데이터처
〈2024년 인구주택총조사(2025)〉, 국가데이터처
〈2023년 주택소유통계(2024)〉, 국가데이터처
〈2024년 국내인구이동통계(2025)〉, 국가데이터처
〈2024년 3/4분기 생활인구(2025)〉, 국가데이터처

사람이 몰리는 곳, 돈이 몰리는 곳

어디에 살아야 할까, 어디를 사둬야 할까. 우리가 집을 선택할 때 고려해야 하는 것 중엔 직장과의 연계성도 중요한 요소다. 내가 출퇴근할 때 얼마나 걸리는지도 중요하고, 사두면 다른 사람들이 세를 들 만한 곳인지도 머리를 굴려봐야 한다.

출퇴근 마지노선은 어디인가

사람들이 언제 어디로 출퇴근하는지도 통계를 통해 들여다볼 수 있다. 통계청이 발표한 통근 근로자 이동 특성엔 다양한 시사점이 담겨 있다. 앞서 살펴본 생활인구와 마찬가지로 국가 승인 통계는 아니지만 통신 3사의 모바일기기 위치 정보를 활용했기 때문에 동선

[도표 7-7] 통근 근로자 이동 특성(2024년 6월 기준)

자료: 국가데이터처

의 설득력이 높고 흔하게 접할 수 있는 정보 또한 아니다.

재미있는 것부터 짚어보자. 우리 지역이 아닌 다른 지역으로 통근하는 사람의 비율이 높은 도시는 어디일까? 세종이 39.8%로 가장 높다. 세종시에 조성된 정부청사와 공공기관 등을 생각하면 모두가 그 도시에서 자급자족할 것 같지만 실제로는 그렇지 않다는 뜻이다. 특히 남성의 경우 46.9%가 타지로 통근하는 것으로 나타났다. 인천과 경기는 관념상 서울 의존도가 높은 곳이지만 세부적으로 따져보면 다소 차이가 있다. 인천은 경기(15.9%)로 출퇴근하는 비율이 서울(13.0%)보다 높았다.

같은 통계를 산업으로 나눠보면 어떨까? 일자리 유형별로 타지 통근 비율을 계산해보니, 경기에 사는 사람들 가운데 서비스업 종사자들은 72.1%가 다른 지역으로 출퇴근했다. 세종은 공공행정 분야 근로자 가운데 12.3%가 다른 지역으로 통근했다. 중앙부처 공무원들을 다 내려보내서 행정중심복합도시를 조성했는데 정작 그 공무원들 가운데 상당수가 다른 도시로 출퇴근하는 것이다.

이 같은 타지 통근 인구를 가장 많이 받아내는 지역은 어디일까? 전통적 관념과 일치하는 곳도 있고 아닌 지역도 있다. 수도권에선 서울 강남구가 6.1%로 가장 높았다. 서울 3대 업무권역이라는 이름값 그대로다. 다음은 경기 화성(4.6%)이다. 앞에서 '동탄 오디세이'를 봤으니 충분히 이해가 될 것이다. 판교테크노밸리가 있는 성남은 4.3%이고, 수원(3.9%)과 용인(3.4%)이 뒤를 이었다. 이들 지역에 어떤 기업들이 자리 잡고 있는지는 지도를 펼쳐보면 알 수 있다. 다른 권역도 들여다보자면 강원권에선 원주(23.9%), 충청권에선 충북 청주(16.3%), 동북권에선 대구 달서구(10.5%), 호남권에선 전북 전주(12.1%), 동남권에선 경남 창원(14.1%)의 비중이 가장 높았다.

출퇴근 시각도 살펴보자. 여기서 시간이 아니라 시각이라는 건 내가 출근하러 집에서 나갈 때, 퇴근하기 위해 사무실에서 일어날 때 몇 시 몇 분이냐는 것이다. 통근 근로자의 평균 출근 시각은 8시 10분이다. 비중 자체는 7시대가 가장 많았지만 전체 평균을 내면 8시 10분으로 시계가 조금 더 돌아간다. '8시에 아직도 집이라고?' 놀라는 독자들도 있을 것이다. 퇴근 시각 평균은 18시 18분이다.

==출퇴근 시각을 지역별로 뜯어보면 재미있다. 지옥의 출근길을 뚫어야 하는 수도권은 평균 8시 9분, 산업의 역군인 영남권은 8시 7분으로 나타났다.== 강원권과 제주권은 조금 다른 세상이어서 평균 출근 시각이 각각 8시 21분과 8시 22분이다. 하지만 퇴근 시각은 1, 2등이다. 강원권이 18시 4분, 제주권이 18시 12분이다. 확대해석하지는 말자. 일을 효율적이고 압축적으로 잘하다 보니 잔업 없이 끝내는 강원도 사나이들이니까. 반대로 수도권은 사무실에서 나가는 시각의 평균이 18시 24분으로 가장 늦었다. 게임사 넷마블 사옥의 사무실 조명이 새벽까지 꺼지지 않아 '구로의 등대'라고 불렀던 데는 다 이유가 있다.

==출퇴근할 때 걸리는 시간은 얼마나 될까? 전국 평균이 73.9분이==

고, 수도권은 이보다 한참 긴 82분이다. 참고로 1년 중 주말과 공휴일 등을 제외한 영업일은 252일이다. 매일 82분을 통근에 쓴다면 연간 2만 664분이 된다. 매년 14일 정도는 도로 위에 있는 셈이다. 이렇게 10년을 근속하면 길에서 보내는 시간은 143일 13시간이 된다. 벌써 다 잊었겠지만 이 책의 도입부에서 시간을 돈으로 사니, GTX를 타니 운운했던 이유다.

그렇다면 회사에 머무는 시간은 얼마나 될까. 평균 9.1시간이다. 9시에 출근해 18시에 퇴근하는 보편적인 직장 근무 시간*과 크게 차이 나지 않는다. 이를 연령대별로 보면 30대가 9.4시간으로 가장 길다. 평균 수치가 이 정도라는 건 지박령처럼 일하는 30대의 규모가 어마어마하다는 의미다. 회사의 매출은 이들의 피로 쌓은 탑이다. 또 가구원 수로 분류해보면 1인가구가 다인가구보다 회사에 오래 머무는 경향이 있다. 이들 가운데서도 일이 곧 삶이고, 삶이 곧 일인 사람들이 있는 것이다. 물론 자발적 선택이 아닐 수도 있다.

★ 회사에 머무는 시간은 9시간이지만 점심시간을 제외한 근로 시간은 8시간이다. '근로기준법'에 따라 1일 근로 시간은 휴게 시간을 제외하고 8시간을 넘길 수 없다. 물론 예외를 적용하기 전의 경우다.

다시 쓰는 지형도

교통과 관련한 흥미로운 통계를 하나 더 보자. 2024년 서울 지하철 1~8호선 수송통계다.* 말이 수송이지 사람이 어디서 얼마나 내리는지를 집계한 것이다. 구체적으로 어느 지역의 유동인구가 가장 많은지 들여다볼 수 있다. 이것 또한 관념과 많이 다를 수도 있다.

10위는 2호선 선릉역이다. 하루 평균 9만 6,000명이 타고 내린다. 테헤란로 한복판이다 보니 서울 안에서도 생각보다 순위가 높은 편이다. 9위는 환승지옥 신도림역이다. 하루 평균 9만 8,000명이 승하차하는데, 이건 2호선만 따졌을 때 얘기다. 8위는 서울의 관문인 고속버스터미널역이다. 3중 환승역인데 3호선이 순위에 들었다. 현대자동차그룹의 글로벌비즈니스센터(GBC)부터 영동대로 복합 개발까지 우주 대호재만 가득하다는 삼성역은 7위다. 삼성역부턴 승하차량이 10만 명대로 올라간다. 나중에 GTX까지 뚫리면 어느 정도 수준이 될지 벌써부터 무섭다.

==6위는 신림역이다. 지금까지 본 역들이 업무지구나 환승 거점 역이었다면 신림역은 성격이 조금 다르다. 배후 인구로 여기까지 올라왔기 때문이다. 저렴한 임대료 덕분에 자취를 시작하는 사회 초년생==

---

*　9호선은 1단계 구간이 민간투자사업으로 준공됐기 때문에 별도 법인이 운영하고 있다. 이 때문에 서울교통공사가 발표하는 통계엔 공사가 전 구간을 집계할 수 있는 1~8호선만 포함되는 편이다.

[도표 7-8] 서울 지하철 하루 평균 승하차 상위 10개 역

순위	역명	승하차 인원(명)
1	잠실역(2)	156,177
2	홍대입구역	150,369
3	강남역	149,757
4	구로디지털단지역	106,085
5	서울역(1)	105,634
6	신림역	104,459
7	삼성역	102,631
8	고속버스터미널역(3)	98,434
9	신도림역(2)	98,023
10	선릉역	96,542

자료: 서울시

들에게 성지 같은 곳이고, 서울에서 1인가구 비율이 가장 높은 지역이기도 하다.

5위는 서울역 1호선 구간으로 나타났다. KTX나 공항철도, 4호선, GTX 등 다른 노선과 열차 이용객들까지 합치면 실질적인 하루 유동인구는 10만 5,000명을 훌쩍 뛰어넘는다. 다만 우리가 공부한 대로 서울역 주변엔 이 정도 수요를 받아낼 만한 상권이나 똑 부러지는 콘텐츠가 존재하지 않는다. 그래서 버스환승센터 이용 등 교통 거점으로서의 기능이 크다.

'구로의 등대'가 있는 구로디지털단지역은 10만 6,000명으로 4위다. 이 역과 신림역이 대단한 이유는 환승역이 아니라는 것이다. 10위까지의 순위에서 환승역이 아닌 역은 두 곳뿐이다. 어딘가로 가기

위해 경유하는 곳이 아니라 그곳이 생업과 관련 있다는 뜻이다.

3위는 강남역이다. 하루 평균 승하차 인원은 14만 9,000명으로 지금까지 본 역들과 비교해 체급이 확 커진다. 그런데 강남역이 3위 밖에 안 된다는 게 의외라고 생각할 수 있다. 물론 1위이던 시절도 있었다. 1997년부터 2022년까지 26년 동안은 말이다. 하지만 왕년의 이야기다. 이젠 홍대입구역이 강남을 제친 지 오래다. 10년 전만 해도 젊은이들의 거리였던 홍대입구역은 이제 교통의 거점이고 주변을 아우르는 지역 중심이 됐다. 우리는 이곳에 대해서도 이미 짚어봤다.

강남역도 홍대입구역도 찍어 누르는 1위는 잠실역이다. 놀란 독자들도 있을 것이다. 잠실역은 주변에 어마어마한 주거지역을 품고 있으면서 업무지역과 쇼핑몰, 놀이동산, 호텔까지 없는 게 없는 곳이다. 서울시는 8호선 연장선인 별내선 개통으로 수도권 승객들의 잠실 유입이 늘어났고, 프로야구의 흥행도 영향을 미쳤다고 분석하고 있다. 물론 야구를 보기 위해 잠실역에서 내린다면 꽤 많이 걸어야 하지만.

단순히 사람이 많이 타고 내린 역의 순위 말고 이전과 비교했을 때 증가율이 높은 순서대로 살펴보자. 1, 4위인 노원역엔 다소 왜곡된 수치가 포함돼 있다. 노후 에스컬레이터 공사 때문에 환승객들이 개찰구를 찍고 나갔다가 들어오는 식으로 동선이 짜였기 때문이다. 노원역을 제외하고 보면 김포공항역 5호선의 증가 폭이 27.9%

[도표 7-9] 서울 지하철 전년 대비 승하차 증가율 상위 역

순위	역명	2023년 승차 인원(명)	2024년 승차 인원(명)	증가율(%)
1	노원역(4)	6,888,507	9,447,944	37.2
2	김포공항역(5)	3,101,029	3,967,053	27.9
3	산성역	1,878,721	2,220,507	18.2
4	노원역(7)	7,161,380	8,259,936	15.3
5	도곡역	1,774,070	2,025,768	14.2
6	지축역	2,321,295	2,640,968	13.8
7	성수역	13,549,483	15,375,685	13.5

자료: 서울시

로 가장 높다. 서해선 개통으로 국내 최초 5중 환승역이 된 곳이기도 하다. 산성역은 주변 단지들의 정비사업이 속속 마무리된 게 영향을 미쳤다. 거의 지구 맨틀부터 올라가는 느낌이 들 정도로 깊은 역이라는 게 특징이다. 정비사업의 기저효과가 작용한 통계로, 다음 해 순위에선 사라질 확률이 높다는 걸 고려해야 한다.

이 글에서 다룬 순위가 지역의 우열은 아니다. 다만 숫자들은 지역의 특성을 말해주는 데이터다. 우리가 일상에서 거쳐 갈 수밖에 없는 장소에 대해 가장 객관적으로 들여다볼 수 있는 게 바로 숫자들이다. 물론 숫자가 답을 알려주진 않는다. 지도를 함께 펼쳐두고 보면 답을 찾기가 조금 더 쉬워질 수 있다.

활용된 자료
〈2024년 통근 근로자 이동 특성(2024)〉, 국가데이터처
〈2024년 수송통계(2025)〉, 서울시

이사 갈 동네 제대로 분석하기

지역에 대한 공부는 도대체 어디서부터 시작해야 할까? 내 집 마련이든 투자든, 아니면 전셋집을 옮기기 위해서든 객관적인 자료를 취합하려면 어디를 뒤져야 할까? 프롭테크* 업체들이 만든 훌륭한 서비스도 많지만 공공이 제공하는 꿀단지 같은 무료 서비스를 소개한다.

서울도시공간포털

재개발, 재건축을 공부하다 보면 구역별로 수립된 정비 계획이나 일

---

* proptech. 부동산(property)과 기술(technology)의 합성어로 정보기술을 활용하는 부동산 업체들을 뜻한다.

대의 지구단위계획 등 지역에 대한 청사진을 들여다봐야 할 때가 있다. 가장 상위에 있는 계획이기 때문이다. 원래 이 같은 계획들을 찾아보려면 지자체의 고시문이나 시보 등을 뒤져야 한다. 그다지 친절하게 안내되지도 않아서 찾는 데 시간이 꽤 걸리기도 한다. 하지만 서울시엔 도시계획과 관련한 정보를 한곳에 모아둔 사이트가 있다. 서울도시공간포털(urban.seoul.go.kr)이다.

이 사이트에선 지도를 기반으로 내가 궁금해하는 지역에 대해 이런저런 정보를 모아서 볼 수 있다. 예를 들어 한국경제신문사 주변 재개발구역들에 대해 알아보려면 클릭 몇 번만 해도 정리가 끝난다. 지도 위에 경계가 명확하게 표현되고 사업의 유형도 표기된다. 과거엔 구역 경계를 알아보려면 일일이 지형도면을 찾아야 했다.

더 중요한 건 각 구역이나 지역을 클릭해 그 위치에 수립된 도시계획을 몰아서 볼 수 있다는 점이다. 이 땅에 지어야 할 건물이 어떤 유형들로 설정돼 있고, 짓지 말라고 제한하는 건 어떤 성격의 시설인지 손쉽게 파악할 수 있다. 또 건물의 용적률·건폐율·높이는 얼마로 정해두고 있는지, 아파트를 지을 수 있는 땅이라면 가구 수와 면적대에 대한 밑그림도 확인할 수 있다. 이 같은 계획들을 통해 특정 지역에 신축될 아파트가 서열상 어느 정도 위치를 차지하게 될지도 계산해볼 수 있다.

[도표 7-10] 서울도시공간포털

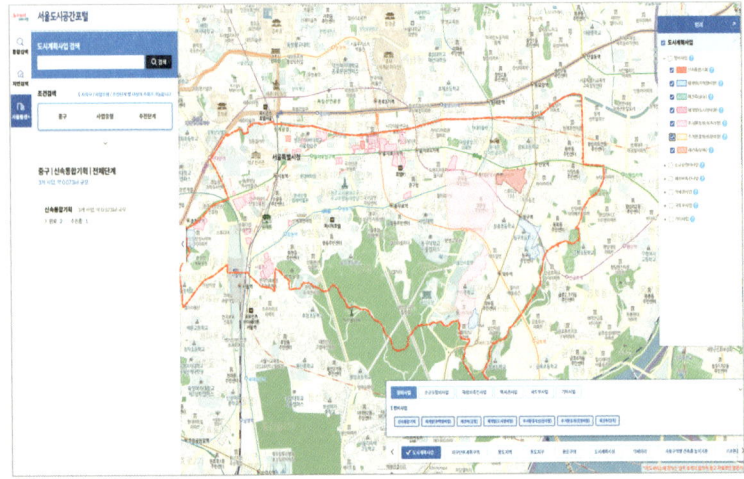

브이월드

나라가 가진 건축, 지적 관련 정보들을 모두 욱여넣은 브이월드

(www.vworld.kr)도 활용처가 무궁무진한 사이트다. 앞서 살펴본 서울 도시공간포털과 달리 특정 지역에 국한되지 않는 전국구 서비스다.

원래 이 서비스는 지도 위에 레이어를 씌워서 정보를 볼 수 있는 게 강점으로 꼽혔다. 예를 들면 앞 장에서 살펴본 그린벨트 지도처럼 말이다. 포털 사이트 등에서 흔하게 볼 수 있는 지도 위에 경관지구, 고도지구, 미관지구 등 다양한 국토 정보 레이어를 씌워 위치를 파악할 수 있다. 일반적인 지도에선 나오지 않는 매립지 등 혐오시설 관련 정보도 찾을 수 있다. 1950년대부터 축적된 항공사진도 있다.

그런데 ==최근엔 3D 시뮬레이션이 고도화됐다. 우선 지도 위에 3D로 건물들의 모양을 보여준다. 건축물대장에 기록된 기본적인 정보도 클릭 한 번으로 파악할 수 있다.== 이 같은 정보들을 통해서 조망권 분석도 할 수 있다. 예컨대 중림동 삼성사이버빌리지 특정 동 특정 호수의 특정 각도에서 한국경제신문사가 보이는지 안 보이는지를 시뮬레이션해볼 수 있다. 물론 아주 정확하지는 않겠지만 주변의 건축물과 지형 정보를 통해 직접 가본 것 같은 효과를 느낄 수 있다.

비슷한 원리로 일조권 분석도 가능하다. 방금 언급한 집에 햇볕이 언제부터 언제까지 드는지, 해가 지나는 길은 어떤지 등을 확인할 수 있다. 밀도가 높고 건물이 촘촘한 단지들의 경우 저층 세대에 해가 들지 않는 영구 음영 문제가 심각한데, 이 같은 가능성이 있는 지를 실제로 가보지 않고도 시뮬레이션해볼 수 있다.

[도표 7-11] 브이월드

건물 노후도 분석 역시 중요한 기능이다. 자신이 설정한 범위 안에 있는 건물들이 얼마나 낡았는지 색으로 보여준다. 공공이 가진 건물별 준공 연차 데이터를 시각화한 것이다. 재개발에 관심이 있다면 놓치지 말아야 할 매우 중요한 기능이기도 하다. 재개발사업의 구역 지정 첫 단추가 노후도이기 때문이다.* 특정 지역에 재개발 바람이 불고 있다면 노후도 분석을 통해 해당 사업이 걸음마는 뗄 수 있는지 판단해볼 수 있다.

* 재개발구역 지정엔 필수 요건과 선택 요건이 있다. 우선 구역 내 건물 60%가 노후불량 건축물로 인정받아야 필수 요건을 충족한다. 나머지는 선택적으로 다음 중 한 가지 요건을 충족하면 된다. 인구밀도를 뜻하는 호수밀도가 높거나, 도로를 접한 비율이 낮거나, 90제곱미터 이하의 과소필지가 많아야 한다.

일조권 사선 제한도 시뮬레이션해볼 수 있다. 내가 집을 지을 때 옆집이나 뒷집의 채광을 방해하진 않는지 미리 볼 수 있다는 뜻이다. 사선 제한은 앞에서 본 풍납동 씨티극동 사례가 대표적이다. 가상의 선을 비스듬하게 그었을 때 넘지 말라는 개념인데, 실제로 건물을 짓기 전에 이 선에 걸리는지 어떤지를 시뮬레이션할 수 있다.

프로젝트 서울, 통계지리정보

이 밖에도 프로젝트 서울(project.seoul.go.kr)에선 서울시에서 진행하는 건축물 공모전 정보를 확인할 수 있다. 관급공사의 설계공모를 통해 우리 지역에 지어질 건물이 어떻게 생겼는지 미리 확인할 수도 있지만, 실은 더 중요한 게 있다. 그 땅에 대한 세부 개발계획이나 가이드라인이 설계 지침을 통해 공개된다는 점이다.

전국구 지도 서비스인 통계지리정보서비스(sgis.kostat.go.kr)는 통계를 시각화해주는 곳이다. 앞에서 본 인구이동이나 주택 소유 등의 통계를 지도 위에 뿌려서 보여준다. 어느 지역에 1인가구가 많은지, 치킨집이나 카페가 인구 대비 어느 정도인지 등의 궁금증도 해소할 수 있다.

부동산과 직접적으로 관련된 서비스도 있다. '살고 싶은 우리 동네' 메뉴를 통해 주거면적과 자가점유 비율, 공동주택 비율 등의 조건을 설정하면 내게 맞는 지역을 동 단위로 추천해준다. 물론 함정은 있다. 자가 비율이 높은 지역일수록 고소득자가 많은 곳이라고 생각하기 쉬운데, 통상 시골이라고 말하는 지역들도 자가 비율이 높은 편이다. 이렇게 나온 지역별 수치를 다른 지역이나 평균 수치와도 비교해볼 수 있기 때문에 입체적으로 분석할 수 있다.

지금까지 살펴본 서비스는 모두 공개된 공공데이터를 조합한 것이다. 하나하나를 따로 볼 땐 쓰임이 없을 것 같지만 잘 모아서 분류해보면 돈을 벌어다 주는 숫자와 지도가 된다. 지역에 대한 공부를 시작할 때 많은 참고가 될 것이라고 확신한다.

가격이 오를 곳과 내릴 곳

"앞으로 집값이 오를까요, 내릴까요?"

의외로 많은 부동산 전문가가 껄끄러워하는 질문이다. 적중률 높은 이들도 예외는 아니다. 점잖게 집값 향방을 물어보는 것 같아도 사실은 집을 사야 하는지 말아야 하는지에 대한 해답을 요구하고 있어서다. 예를 들어 전문가가 집값이 오른다고 하면, 듣는 이들은 '더 오르기 전에 사라'라는 말이라고 해석한다. 반대로 내린다고 하면 '지금은 때가 아니다'라는 말이라고 의역한다.

    결과적으로는 자신의 잘못된 선택에 대한 책임까지 전문가에게 떠넘기는 경우가 많다. 집값 상승기가 오면 하락을 예측했던 전문가를 두고 '너 때문에 집을 못 샀다'며 비난하는 식이다. '족집게'나 '작두'로 불릴 만큼 예측이 척척 들어맞던 전문가여도 한번 빗나가는 순간 멍석말이를 피할 수 없다.

사실 저마다 말하는 집값의 의미는 다르다. 누군가는 중개업소에 나온 매물의 호가를 말하고, 또 누군가는 매매가 성사된 실거래 가격을 말한다. 부동산 시장에선 이 같은 개별 단지 가가호호의 등락이 곧 주택 가격 동향이다. 하지만 전문가들이나 부동산 기사 등에서 말하는 동향은 주로 통계적 움직임이다. 인용하는 통계가 다른 경우도 많다. 같은 집값에 대해 말하더라도 괴리감이 느껴지는 이유다.

공급은 어떤 공급인가

집값이 오를지 내릴지는 누구도 정확히 알 수 없다. 그렇다고 아주 예측 불가능한 범위에 있느냐면 그렇지도 않다. 다양한 요인을 통해 미래 움직임을 추정해볼 수 있다. 공급과 금리, 정책 등이 집값에 영향을 미치는 대표적인 변수인데 다른 요인들과는 반대로 분명한 인과성을 가졌기 때문이다.

미래 집값을 예측하는 데 가장 보편적으로 쓰이는 지표는 공급량이다. 인구 구조가 갑자기 크게 바뀌지 않는 이상 주택 수요가 늘 비슷하다고 가정한다면 결국 공급이 가격을 결정하는 열쇠가 된다.

그런데 공급이라는 단어 또한 여러 가지 의미를 가진다. 행정적 지표에서의 공급은 주로 해당 주택 건설 계획의 승인을 뜻한다. 신도시를 조성하기 위한 지구계획 수립이나 재개발·재건축사업 과정에서의 인허가 물량 등이다. 하지만 이 같은 수치는 부동산 시장에서 당장 체감하긴 힘든 서류상 숫자일 뿐이다. 인허가를 받았다고 하더라도 실제로 사업이 진행돼 새 아파트가 지어질지는 알 수가 없어서다. 사람의 결혼과 출산에 빗대자면 이제 막 소개팅을 하는 단계에 가깝다. 상대가 어떤 사람이고 어디서 만날지 결정됐을 뿐 이 사람과 결혼을 하게 될지, 아이를 낳게 될지는 전혀 알 수 없는 단계다. 물론 머릿속에선 손주 이름까지 지어뒀을지도 모르지만.

주택 공급량을 보다 직접적으로 알 수 있는 지표는 착공 통계다. 일단 삽을 뜬 건물들은 사업이 망하지 않는다면 대부분 완공된다. 착공 시점을 기준으로 계산하면 미래에 완성될 아파트 물량을 알 수 있는 셈이다. 1,000가구짜리 아파트를 짓는 데는 통상 30개월 안팎의 시간이 걸린다. 2026년 1월 착공 통계를 통해 2028년 7월 준공될 물량을 계산할 수 있다는 의미다. 다만 아파트의 규모나 공사 난도에 따라 공기(工期)는 천차만별이다. 착공 통계로 계산한 공급량엔 오차가 발생할 수밖에 없다.

그래서 입주 물량 통계가 가장 정확한 공급지표로 활용된다. 아파트를 분양할 땐 입주자모집공고를 내면서 예상 입주 시점을 명기해야 하는데, 이렇게 드러난 개별 단지들의 준공 날짜를 모두 집계한 게 입주 물량 통계다. 미래의 어느 시점에, 어떤 지역에, 얼마만큼의 아파트가 들어서 실제로 사용될지 들여다볼 수 있는 지표인 것이다.

보통 2년 뒤의 입주 물량까지는 비교적 정확히 추정할 수 있다.

집값을 결정하는 요인들

아파트 입주 물량과 전셋값 흐름을 같은 선상에 놓고 비교하면 반대로 움직이는 모습이 된다. 입주(공급)가 증가할 땐 전셋값이 약세를 보이고, 반대로 입주가 감소할 땐 전셋값이 강세를 보이는 흐름이다. 물론 언제나 그런 건 아니다. 전세대출이 워낙 보편화된 탓에 금리 변동에 따라 전셋값이 출렁이기도 하기 때문이다. 금리가 높아지면 전세대출이 부담스러워지는 만큼 전세 수요가 줄고, 그래서 전셋값이 떨어지는 식이다. 입주 물량 통계만으로는 설명하기 어려운 거시적 변수가 작용하는 부분이다.

그래도 부동산 투자자들은 입주 물량 통계를 유심히 살핀다. 전세를 끼고 집을 사는 갭투자를 하기 위해선 미래의 전셋값 흐름을 알아야 하기 때문이다. 전셋값의 금리 민감도가 높아졌다지만 급격한 인상기가 아닌 이상 가격 결정의 가장 직접적 요인은 입주 물량이다. 도시별, 자치구별, 동별로 세분화된 수치를 조사하는가 하면 해당 지역의 아파트 면적대별로 따져보기도 한다. 수요층이 아예 다르기 때문이다. 이렇게 입주 물량을 정리한 뒤, ① 현재 입주가 많아 전셋값이 눌려 있는 지역이면서 ② 앞으로 입주가 감소해 전셋값이 오를 지역을 찾아 미리 진입하는 게 대표적인 갭투자 식

분석법이다.

흔히 집값이라고 말하는 매매 가격도 입주 물량과 대칭적으로 움직이는 경향을 보인다. 전셋값이 매매 가격의 하단을 지지해주는 역할을 하기 때문이다. 다만 매매 가격의 움직임을 입주 물량과의 인과관계만으로 해석하기엔 무리가 있다. 다른 변수들의 영향을 많이 받기 때문이다.

전셋값과 매매 가격의 차이는 거주하는 이들의 속성과도 관련이 깊다. 전세입자들에게 집은 현재의 사용 가치가 중요하다. 신축 아파트인지 낡은 아파트인지, 직장이나 자녀의 학교와 가까운지, 동네의 환경은 어떤지, 주변에 유해시설은 없는지 등이다. 2년 뒤에도 같은 집에 계속 거주할지 여부를 알 수 없기 때문에 미래에 예고된 호재 같은 건 애초부터 사용 가치에 반영되지 않는다. 그래서 전셋값은 거창한 개발계획보다 당장의 수급과 주거 여건에 민감하게 움직인다.

반대로 매매 가격엔 미래가치까지 반영된다. 지금은 물이 새는 노후주택이라도 가시화된 재개발사업의 기대이익이 반영된다거나, 앞으로 지역에 새로 개통할 전철로 인한 편익이 선반영돼 가격이 오르는 식이다. 서울 강남의 낡은 재건축 아파트를 떠올리면 이해하기 쉽다. 미래가치가 높기 때문에 매매 가격이 수십억을 호가한다. 그러나 외관은 전혀 그 가격에 어울리지 않는다. 거주자들에게 당장의 사용 가치는 낮기 때문에 전셋값 또한 상대적으로 낮게 형성되는 것이다. 전세와 매매의 차이를 이해하고자 할 땐 이 같은 속성의 차이를 유념해야 한다.

뉴스 제대로 읽기

부동산은 정보 비대칭성이 굉장히 강한 시장이다. 투명하고 객관적으로 공개된 정보가 많지 않다 보니, 혹은 있어도 찾기 어렵게 돼 있다 보니 수요자들의 정보 취득 창구도 넓지 않다. 그래서 인터넷 카페나 오픈채팅방, 유튜브 등을 통해 시장 돌아가는 걸 파악하는 이들도 많다. 물론 날것 그대로인 만큼 사실관계 자체가 어긋나거나 과장된 경우도 있다. 그렇다면 언론 기사는 괜찮을까?

제 얼굴에 침 뱉기지만 부동산 기사를 읽을 땐 처음부터 걸러 읽거나 '출제자의 의도'를 파악해야 한다. 주로 분양 관련 기사가 그렇다. 사업 주체로서는 인생을 건 한판 승부인 만큼 어떻게든 성공적으로 분양을 마무리해야 하고, 그래서 언론홍보에 적극적이다. 이들이 기자들의 취재 편의를 위해 배포하는 보도자료는 당연히 좋은 내용투성이다. 이 책의 저자 또한 7년 전 기사에서 '주변에 쇼핑몰이 곧 문을 열 예정'이라고 썼지만 아직도 개장하지 않았다. 앞으로도 안 생길 것 같다.

딱히 거짓말을 하는 건 아니지만 단점 또한 말하지 않는다. 바로 옆에 있는 쓰레기 처리장을 아예 언급조차 하지 않는 식이다. 뒤에 무덤이 있다는 사실도 입주자모집공고가 나오고 나서야 파악할 수 있는 경우가 대부분이다. 문제는 기자들이 보도자료의 내용을 거의 그대로 쓴다는 것이다. 분명히 다른 언론사의 다른 기사인데 똑같은 표현이 한 줄 이상 나온다면 둘 다 거르자.

분양 관련 기사가 객관적이기 어려운 이유는 복합적이다. 우선 기자들에겐 주된 싸움터를 벗어난 일에 가깝다. 기사 가치가 높지 않은데 그렇다고 안 쓸 수도 없는 구조여서다. 인생을 건 한판 승부를 벌이는 이들과의 지속적인 관계 형성을 위해서 기계적인 기사라도 써내는 경우가 많다. 이렇게 나온 기사들이 홍보 담당자들에겐 홍보 실적이 된다.

또 객관적인 정보를 다루겠다고 지역의 단점을 언급이라도 하는 순간 주민들의 반발을 마주해야 한다. 신도시일수록 표현 한 줄, 한 글자에 민감하다.

부동산 관련 정보는 지역 단위로 받아들이고 주민들이 똘똘 뭉쳐 대응하는 특성이 있다. 기자로서는 힘쓸 필요가 없는 일에 긁어 부스럼을 만들어 격한 항의를 받느니 안전한 길을 갈 수밖에 없다.

그래서 분양 관련 기사는 교차검증이 필요한 경우가 많다. 그런데 여론을 파악하겠다고 네이버 검색으로 블로그 후기를 찾아다니는 건 별로 도움이 되지 않을 수 있다. 분양 시기에 맞춰 블로그 등에도 바이럴 광고가 집행되기 때문이다. 객관적 정보가 가장 건조하게 드러나는 건 지도다. 그리고 프롭테크 업체들의 앱 서비스 등에 구현된 토론방도 참고할 만하다. 다른 곳에선 보기 어려운 단점들이 반드시 언급되기 때문이다.

불편한 이야기지만 연출된 객관성을 무기 삼는 언론사도 있다. 특정 단지를 콕 찍어 단점을 줄줄이 나열하면서 공격하는 식이다. 독자들에겐 성역 없는 저널리즘처럼 멋있어 보일 수 있지만 사실이 바닥에선 오래된 구린내 나는 수법이다. 분양이 임박한 단지를 빌미로 건설사들을 괴롭힌 뒤 당분간 괴롭히지 않는 조건으로 광고를 받아내는 것이다.

분양 기사가 아닌 정보성 기사도 사실과 다를 때가 있다. 남들보다 먼저 쓰기 위해 사실 확인을 제대로 거치지 않았거나 취재가 잘못된 경우다. 부동산 정책 등 기관발 소식들은 내용에 따라 해당 기관에서 설명 자료나 해명 자료를 낸다. 통상 설명 자료는 사실을 확인시켜주며 보충하는 형태이고, 해명 자료는 기사를 반박하는 형태다. 그런데 정작 오보를 낸 언론사에선 이 해명 자료를 추가로 다루지 않는다. '아니면 말고'인 셈이다. 언론사들은 대체로 남의 실수에 대해서는 날카롭지만 자신들의 실수에 대해서는 관대하다. 물론 기관의 해명 자료가 WWE*일 때도 있다. 기사는 사실대로 났지만 그렇다고 그 내용이 맞다고 대놓고 인정할 수 없을 때도 있기 때문이다.

애초부터 기자가 제대로 몰라서 오보가 되는 경우도 있다. 정책적인 변화가 큰 시점엔 경과조치나 세제, 정비사업 등의 규정이 복잡해질 수밖에 없는데 이때 스텝이 한번 꼬이면 기사에도 헛소리를 담게 된다. 잘못된 기사가 그대로 끝나면 다행인데 이걸 또 누군가가 긁어 가서 떠드는 바람에 더욱 확산되기도 한다.

단독 기사 경쟁도 심각하다. 기사 제목에 '[단독]'이라는 말머리를 달면 주의를 끌 수 있다 보니 그렇다. 단독 기사라고 할 만한 내용이 아닌데도 마치 대단한 정보인 것처럼 침소봉대한다. 대부분의 단독 기사는 '전형진이 콧구멍을 팠다' 정도의 내용일 때가 많다. 정보로서의 의미보다는 '내가 가장 먼저 쓴 소식' 정도의 의미뿐이다. 전형진이 코를 판 게 자기 손가락이 아니어야 정보로서의 의미가 있는 소식인데도 말이다. 과거의 단독 기사는 특종 같은 무게가 있었지만, 요즘의 단독 기사는 인터넷 카페에 상주하다가 먼저 읽고 먼저 쓴 기사 정도일 때도 많다. 더 지저분한 이야기가 많지만 아직은 현업을 이어가야 하므로 말을 아껴야겠다는 생각이 문득 든다.

★ 미국 프로레슬링. 각본이 있는 경기이기 때문에 '약속된 대련'을 뜻하는 은어로도 쓰인다.

그렇다면 부동산 관련 정보를 어떻게 취득해야 할까? 걸음마를 어느 정도 뗀 수준이라면 발표 자료는 정부나 공공기관의 안건 또는 보도자료 원문을 보는 게 효과적이다. 해석이 개입되지 않고 생략 또한 없는 자료이기 때문이다.

언론에 기대야 하는 건 자료로도 볼 수 있는 내용이 아니라 그 뒷이야기다. 장관이나 담당 공무원을 만나서 들은 이야기, 조합 돌아가는 소식, 현장 분위기 등 전달자의 역할에 충실한 기사를 찾으면 된다. 객관적으로 공개되는 정보가 없는 곳일수록 언론의 역할이 중요하다.

사실 눈에 띄는 이야기들을 모아서 정리하다 보면 즐겨 보는 매체나 기자가 압축되기 마련이다. 어차피 이 바닥 선수들은 뻔하기 때문이다. 구독경제의 시대인 만큼 신뢰하는 매체나 기자를 정해두고 소식을 받아보는 게 가장 안전하고 효율적인 정보 소비다. 물론 〈한국경제신문〉과 집코노미, 전형진도 그 목록에 있기를 바란다.

이미지 출처

© René Magritte / ADAGP, Paris – SACK, Seoul, 2025

이 서적 내에 사용된 일부 작품은 SACK를 통해 ADAGP, ARS와 저작권 계약을 맺은 것입니다. 저작권법에 의하여 한국 내에서 보호를 받는 저작물이므로 무단 전재 및 복제를 금합니다.

부동산은 입지 공부가 먼저다
사는 곳, 바뀔 곳, 오를 곳

| 제1판 1쇄 발행 | 2025년 12월 11일
| 제1판 2쇄 발행 | 2025년 12월 22일

| 지은이 | 전형진
| 펴낸이 | 하영춘
| 펴낸곳 | 한국경제신문 한경BP
| 출판본부장 | 이선정
| 편집주간 | 김동욱
| 책임편집 | 박혜정
| 교정교열 | 공순례
| 저작권 | 백상아
| 홍보마케팅 | 김규형·서은실·이여진·박도현
| 디자인 | 이승욱·권석중
| 본문 디자인 | 디자인현

| 주　　소 | 서울특별시 중구 청파로 463
| 기획편집부 | 02-360-4556, 4584
| 홍보마케팅부 | 02-360-4595, 4562　　FAX | 02-360-4837
| H | http://bp.hankyung.com　　E | bp@hankyung.com
| F | www.facebook.com/hankyungbp
| 등　　록 | 제 2-315(1967. 5. 15)

ISBN 978-89-475-0221-4　03320

책값은 뒤표지에 있습니다.
잘못 만들어진 책은 구입처에서 바꿔드립니다.